# 知的障害 発達障害 のある人への 合理的配慮

### 自立 のためのコミュニケーション支援

編著
坂爪一幸
Sakatsume Kazuyuki

湯汲英史
Yukumi Eishi

かもがわ出版

# はじめに

　本書は主に青年期・成人期の知的障害・発達障害のある人を想定してまとめたものです。「障害のある人の社会参加をもっと促したい」「障害のある人が働ける場を広げたい」と考えて編集をすすめました。知的障害・発達障害のある人びととかかわる、教育・福祉・医療・労働など、幅広い分野の関係者に読んでほしいと思います。また、青年期・成人期を見通した子育て支援のヒントにもなると思います。

　2013年、アメリカ精神医学会は診断名と診断基準の改訂を行いました。改定されたDSM-5では、発達障害について「Neurodevelopmental Disorder（神経発達症）」と変更されました。変更の理由として、発達障害を神経心理学的に認識・診断していくという考え方があるとされています。神経心理学、つまりはevidenceにもとづいた認識・診断という方向が示されたといえます。本書では、神経心理学視点をもとに、脳の働きと知的障害・発達障害を関連付けて解説した章も設けました。

　就労支援の現場、あるいは教育現場での実習などの参考にしていただければありがたいと思います。

　2015年1月

編著者・湯汲　英史

知的障害・発達障害のある人への合理的配慮
——自立のためのコミュニケーション支援——
もくじ

はじめに　*3*

# 第1章　知的障害・発達障害の理解を深める　　7

知的障害とは／知的障害の程度／知的障害の原因／環境要因の重要性／社会性の問題とは／社会性の発達と判断基準の獲得／社交性と社会性／性差のあらわれ／年齢と成熟／体験から学ぶ／気質・性格・嗜好性／「権利条約」時代の支援のために

# 第2章　生活自立のための合理的配慮と支援　　17

1　ワーキングメモリに着目 — *18*

2　生活のあり方とコミュニケーション — *20*

3　生育環境と支援のあり方 — *22*

4　物理的な配慮——構造化とジグの使用 — *24*

5　環境や雰囲気への配慮 — *26*

## 第3章　意思尊重への合理的配慮と支援　　27

  1 意思決定と伝えあい————28

  2 ことばの指導と自己肯定感————31

## 第4章　コミュニケーションへの合理的配慮と支援　　35

  1 かかわり方への配慮————36

  2 共感と差異————38

  3 コミュニケーションへの配慮————40

  4 質問の仕方で大事なこと————42

## 第5章　本人への具体的な伝え方　　45

  1 短く話すこと————50

  2 わかりにくい仮定文————52

  3 言える言葉の数と理解力との差————54

  4 抽象語の理解————56

  5 理由の理解と表現————60

  6 能動と受動・他者視点————62

  7 類推力————64

  8 振り返る力と自己修正————66

  9 わかりにくいあいまいな表現に注意————68

  10 決定権の誤解————70

## 応用編　こんなふうに伝えてみよう————72

# 第6章　神経心理学的評価と配慮に関する15の論点

1　Neurodevelopmental Disorder［神経発達症］——— *78*
2　短期記憶と長期記憶——— *79*
3　ワーキングメモリ——— *80*
4　感覚——— *81*
5　認知——— *82*
6　集中と持続——— *83*
7　言語理解——— *84*
8　言語表現——— *85*
9　空間認知——— *86*
10　失行——— *87*
11　相貌失認——— *88*
12　実行機能——— *89*
13　喚語障害——— *90*
14　学習障害——— *91*
15　将来とイメージ力——— *92*

おわりに　*94*

# 第1章
# 知的障害・発達障害の理解を深める

## 知的障害とは

知的障害とは、いったいどういう障害なのでしょうか。これまでにも、さまざまな定義が示されてきました。たとえば、アメリカ知的・発達障害協会では、知的障害の定義を11版まで改訂しています。改訂の理由として、知的障害が本人の特性だけでなく、社会やまわりとの関係性によって発現することがあげられています。知的障害がまわりとの関係性によって現れるということは、逆に、配慮があれば知的障害という能力障害が発現しにくくなるとも言えます。

## 知的障害の程度

知的障害には、障害の程度という問題があります。知的障害の程度は、重度・中等度・軽度と区分けされたりします。障害はけっして一様ではありません。

知的障害の程度は、理解力だけでなく、運動機能やＡＤＬ（Activities of Daily Living：日常生活動作）など、さまざまな面に影響があらわれます。

現在、知的障害の程度を決める物差しとして、知能検査が使われています。しかし、この知能検査で、子どもや青年の適応状態をきちんと評価できるかというと、けっしてそうではありません。たとえば、ＩＱ値50の20歳の青年が２人いるとします。この２人は、ＩＱ値は同じでも、理解力が同じとは言えません。知能検査で算出された数値は50であるけれども、その人がもっている言語理解能力や表現能力、あるいはその他のさまざまな知能の状態はけっして同じではないからです。

数値的には同じでも、本人の能力・内容を直接反映したものではありません。現在は、知能検査だけではなく、社会性、身辺自立の程度、運動能力、作業能力など、さまざまな領域で評価が行われるようになりました。その結果を総合的に判断して、障害の有無や程度を決めています。

## 知的障害の原因

知的障害の原因ですが、大半においてわかっていないと言われていますが、現在は３つのタイプがあるとされています。

１つは「病理型」です。交通事故、脳炎後遺症などの事故や病気などによって、脳がダメージを受けたために起こるものです。残念なことですが、虐待を受けて脳にダメージを受けた子どもたちのなかに、重い身体障害とともに知的障害を発生する場合があります。

もう1つは「生理型」です。抽象的思考や高度な内容が理解できにくいタイプです。生理型の知的障害の場合、社会性には目立った問題がなかったりするため、適応状態が良い人もいます。その一方で、道徳や倫理観、あるいは法律などへの理解が不足して、犯罪に巻き込まれることもあります。こうした犯罪を繰り返す触法障害者には、刑務所よりも福祉的な支援が必要とされています。

　3番目のタイプは「社会心理型」で、環境が原因となって起こる知的障害です。一般的には、知能指数は年齢が増えてもあまり変わらないと言われます。しかし、現実にはそうではありません。長年にわたり知能検査を実施すると、数値が変化するケースがあります。たとえば、5歳の段階で知能指数が100（平均値）だった子どもが、年齢とともに徐々に数値を下げていく場合があります。その背景として、子どもが学習に対し意欲を失っていくことが考えられます。「家庭環境に問題がある」「勉強しても認められない」「がんばっても褒めてもらえない」などから、子どもの学習意欲が高まらないのです。こういうタイプを「社会心理型」と呼びます。「社会心理型」は発達障害にも見られます。本来ならば学習がもっとすすんでいいはずだと思われる青年たちが、環境に恵まれずに障害の状態が続いてしまうことがあります。

## 環境要因の重要性

　知的障害の環境要因について考えるとき、母親のおなかのなかにいる「胎児期」「出生・出産期」、そして「生まれた後の時期」という3つに区切ることがあります。

　胎児期に起こる病気には、さまざまな染色体異常があります。また、アルコール摂取が原因の「胎児性アルコール症候群」という病気もあります。出生・出産期では、生まれてくるときに脳がダメージを受けたために知的障害が発生することがあります。生まれた後も、栄養不足やさまざまな病気などが原因で知的障害が起こります。

　さらに、本人の状態だけではなく、家庭環境、あるいは教育などの外的要件が、知的障害を悪化させます。逆に、良い環境が整えば、知的障害を軽減させ、社会参加を促すことがあります。

　また、知的障害は「変わらない＝成長しない」という、多くの関係者が陥る誤解があります。いったん診断がついてしまうと、もうそこから変わらないと思いがちです。しかし、知的障害・発達障害の特徴が、徐々に薄らいでいくこともあります。とくに、青年・成人期には、知的障害のある人も成長・成熟の過程にあります。成長・成熟の過程にいるのですから、いろいろなものを学習していくことができます。

環境要因は、本人の成長・成熟に大きな影響を与え、その後の人生を左右します。診断名にこだわらず、青年・成人期も子ども期と同じように、成長・成熟していく可能性があることを忘れてはいけません。

## 社会性の問題とは

知的障害・発達障害のある人たちの社会性の問題の例として、しばしば「人の気持ちがわからない」と表現されたりします。では、人の気持ちとは何なのでしょうか。

実際、私たちも人の気持ちが正しく理解できているのかどうかわかりません。ただ、人の気持ちをある程度は推測し、共感的に理解することはできると思います。人の気持ちがわかることの前提として、「自分の気持ちや考えていることと、相手の気持ちや考えていることに違いがあるのを理解できる」ことが必要です。

そもそも子どもは、自己中心的で、他の人の考えには及ばなかったりします。それが成長とともに変化し、「脱中心化」と言われますが、自分とは違う他の人の見方・考え方を了解するようになります。この「脱中心化」は、7、8歳頃からはっきりしはじめるとされています。

「脱中心化」とともに重要なのは、相手の立場を想像すること、相手の状況に想いを寄せるということです。例えば、赤信号を渡るのはよくないことです。しかし、赤信号を渡った人には、一刻を争うような事情があるのかもしれません。一方的に、赤信号を渡ったから悪いとは言い切れません。このように「相手の立場を想像する、相手の想いに共感する」ことが、「脱中心化」とともに社会性の成長に必要だとされています。

知的障害や発達障害があると、以上のことがスムーズに育たない場合があります。言語の理解力の問題や、認識の仕方そのものによって、「脱中心化」や「相手の立場・状況への理解」がすすみにくいことがあります。そのことで、人に対してとても不愉快な思いをさせることもあります。知的障害・発達障害の人たちとのかかわりでは、そのことを理解しておいたほうがいいでしょう。そして、「こういう場合は、そういう表現だと相手が不愉快になる」ということを伝え、適切な言い方を教えるのがよいでしょう。

## 社会性の発達と判断基準の獲得

社会性の発達の重要な要素として、年齢相応の振る舞いがあります。

例えば、3歳の子が欲しいものがあって駄々をこねて要求しても、まわりは「まあ、仕方がない」と思います。ところが、18歳になっても同じような振る舞いをしたらどうでしょうか。けっしてまわりは許さず注意したり、あるいは問題行動としてとらえたりします。社会性の発達においては、年齢相応の振る舞いが期待されています。

そのような「社会性の発達」において重要なのは、判断基準を獲得していくことです。

例えば、花を買うという場面を考えてみます。花が好きだから花を買うこともあるでしょう。この選択には「好き」という判断基準が働いています。友だちが病気で入院した、だから花を買ってお見舞いに行く。それは「友だちを励ましたい」という想いから起こります。この「仲間を思いやり励ます」という判断基準は、6歳前後くらいから獲得されます。「試合に勝った人の努力を評価して花をあげる」という判断基準もありますし、「世界平和のために花をささげる」といった高度な基準もあります。

言うまでもありませんが、子どもは大人のような判断基準をもって生まれてくるわけではありません。成長・成熟するにつれて、大人になったときに必要な判断基準を獲得していきます。この判断基準が、知的障害・発達障害がある場合、幼いと思えることがあります。折りを見て、より高い判断基準を伝え、それに従って行動することを教えていくことも必要でしょう。

一方で、判断基準の獲得には、言語能力やコミュニケーション能力など、さまざまな要因が影響します。そのため、知的障害・発達障害がある場合には、無限に発達するわけではなく、未熟に思える判断基準の場合もあります。

## 社交性と社会性

発達障害のある人は、「社交性がない」と言われることがあります。自分の用件だけを言い、自分の知りたいことだけを聞いて満足したりします。

逆に、「今日は暑い日ですね」「寒いなあ」といった天気の話、旅行などの感想、将来の計画、好きなことや趣味の話など、人が相手をさらに深く知るときに行う雑談が、うまくできません。雑談を楽しんだり、雑談することで相手のことをよく知っていくことに問題を抱えています。雑談の仕方を教えたり、

雑談に誘い込むような配慮をしながら、雑談の体験を積ませることも必要ではないでしょうか。

　知的障害や発達障害がある場合、緊張した雰囲気が非常に苦手な人がいます。緊迫した状況だと、こわくてのびのびと話せなかったりします。できるだけ楽しそうな、ゆったりとした雰囲気づくりに配慮することが大切だと思います。

## 性差のあらわれ

　一般的には女性のほうが気持ちへの共感性が高いとされます。知的障害のある女性の場合にも、共感性が高い人がいます。ただ、言葉による制御が効きにくく、気持ちを優先してしまって、感情のコントロールがうまく取れない場合もあります。そういうときには、感情を自制するよう促す必要があります。あまりにも感情的になってしまうと、まわりがそれについていけず引いてしまうことを教えたいと思います。

　男性の場合、一般的に人の気持ちがわかりにくいのかもしれません。知的障害・発達障害がある場合にも、同じ傾向があります。「あうんの呼吸」「黙っていてもわかるはず」で済ませずに、よくない、悲しい、楽しいなど、言葉で直接表現して伝えるほうがわかりやすいでしょう。

　女性のほうが社交的でもあり、男性がリードされることも多いなかで、女性の社交的な部分を制限すると、仕事に対する意欲がもてなくなったりします。また、働く環境に社交的な人が少なく、話す機会がなかったりすると、仕事や職場がいやになったりすることがあります。できれば、社交的に振る舞える機会や時間帯を設けたいと思います。

## 年齢と成熟

　知的障害・発達障害のある人たちも、青年期になると、通常の青年と同様に、いろいろな悩みが出てきます。とくに12〜13歳くらいから20歳過ぎくらいまでの時期に、ひとつのことを考え出すと、それに取りつかれて他に目が向かなかったりすることがあります。視野が狭くなる一方でエネルギーが強まるのは、青年期の特徴でもあります。青年期は自立するための重要な時期です。そうしたエネルギーをうまく利用して、青年期を離陸させてあげることが、安定した生活へとつながります。

　青年期から変化して落ち着きはじめる成人期の特徴として、「環境から学ぶ」点があげられます。成人期に、充実し安定した日々を提供できれば、さらに気持ちの落ち

着きがすすむでしょう。

　なお、知的障害のある人たちは、老化が早いとも言われます。原因は、けっして単純ではないように思います。最近の認知症研究では、一人暮らしのようにいろいろな刺激が不足すると認知症が発生しやすいと言われています。刺激の「質」や「量」も関係します。例えば、働いている人たちは豊かな刺激を毎日の仕事のなかで受けるため、老化がすすみにくいのではないかと考えられています。60歳、あるいは70歳を過ぎても、作業所で働く人が見られます。働くことや人とのかかわりが、良い刺激を与えているのでしょう。

　環境と老化の関係については、今後の研究調査が期待されています。

## 体験から学ぶ

　知的障害がある人の場合、本を読んだり映像を見たりして学ぶことに限界があるため、ＳＳＴ（社会技能訓練）が必要だと言われます。しかし、実際にＳＳＴをやっていくと、現実を模したような劇で学べる人もいるけれども、コミュニケーションや言語に問題をもっている場合は、そう簡単には理解できないし、限界があるように思います。

　実際の体験や人とのかかわりのなかでしか、有効なスキルを学ぶことはできません。現実場面で「そういう言い方をしてはいけない」などと教えながら、「いけないこと」を伝えるほうが、ＳＳＴよりも確実な学習ができるし、成長・成熟を促します。

　「人とのかかわりあいのなかでしか学べないことが多い」と述べましたが、知的障害・発達障害のある人たちには、本人の理解力などをふまえて伝えてくれる人、教えてくれる人が必要です。

　その場合、直接的なものの言い方でないと伝わりにくいケースがあります。「こういうふうにしたほうがいいかもね」ではなく、「こういうふうにしなさい」というほうが伝わりやすかったりします。このように直接的な言い方では、相手に失礼なように思いますが、本人にはそのほうが伝わりやすいのです。相手に遠慮すると、間接的なものの言い方が多くなってしまいますが、「障害の特性に合わせながらストレートに話をするべき」と、頭を切り替える必要があります。

## 気質・性格・嗜好性

知的障害・発達障害がある人たちと付き合っていると、一人ひとりほんとうに「個性的」だと感じます。「○○症だから、みんな同じ」などということは、けっしてありません。一人ひとり違う個性的な存在なのです。

では、どうしてそのように一人ひとり違うのでしょうか。もちろん障害の種類や程度などが個性的にしている部分もあるでしょう。ただ、それだけではなく、本人の性格、気質、嗜好性が個性を形づくっているようです。

生まれつき変えられないものに、「気質」があります。持って生まれた気質は、変えることができません。

例えば「几帳面」という気質があります。人とのかかわりのなかで「几帳面」さを身につけた人は、家の内と外とでは几帳面さの度合いが違うでしょう。外では几帳面でも家ではだらしない、ということがありえます。ところが、もともとが几帳面な気質の人は家の内外にかかわらず同じです。気質は変えることができず、いつもそうでないと気がすみません。

のんびりとした気質の人に「早く、早く」と急かすと、本人は自信をもてなくなるかもしれません。自信をなくして、びくびくした性格になるかもしれません。のんびりした気質の人には、その人のペースをみながら社会参加を促しましょう。

心理学では「性格は変えられる」とされています。性格は人とのかかわりのなかでつくられていくからです。まわりの人の影響を受けながら、その人の性格はつくられていきます。かかわり方を変えれば、変えられないように思える性格も変化していくのです。

注意されてばかりいれば、自信がもてなくなり、性格も変化します。逆に、自分でできること、認められることが増えれば、明るい性格になるでしょう。

性格や気質とともに、人にはそれぞれの嗜好性があります。嗜好性とは好みのことです。この好みも、一人ひとり違います。

自閉的だからみんな電車が好きかというと、そうとは限りません。電車が好きな人ばかりではなく、旅行が好きだったり、アニメが好きだったり、現代の若者が好むようなものが好きな人たちが多いのが実態でしょう。

最近、「自閉症だから○○にこだわる、○○が好きだ」というより、若者一般の嗜好性のパーセンテージと同じように、「Aが好き」「Bが好き」「Cが好き」という対象が分布していると思うようになりました。障害というより、時代の影響を受けた好

み・嗜好性がそれぞれにあると考えられます。

　気質は変わりませんが、年齢とともに性格や嗜好性は変わることがあります。だんだんと好きなものが移り変わっていく。非常に激しかった性格が、だんだんと穏やかになる。そういうこともあります。年齢と変化についても配慮する必要があります。

## 「権利条約」時代の支援のために

　2014年1月20日、国連で2006年に採択された「障害のある人の権利条約」（以下、権利条約と略）が、国内の法律等の整備がすすんだこともあり、わが国において批准されました。権利条約では、障害のある人の権利を確認するとともに、まわりの人びとには障害を発現させない、あるいは軽減するといった配慮が求められています。本書で対象としている知的障害・発達障害のある人たちは、すべてといってよいでしょう、コミュニケーションの面に問題をもっています。権利条約で義務づけられた「合理的配慮」は当然、コミュニケーションをとる際に必要となります。

　2010年、知的障害のある本人や家族の会である「国際育成会連盟会議」がベルリンで開かれました。この会議でも、障害のある人の権利条約が大きなテーマとなっていました。会議では、コミュニケーションに問題をもつ知的障害・発達障害のある人に対して、「本人がわからないから仕方がない、通じないのは本人の障害のせいである」という理解は、これからは許されないということが説かれました。健常とされる人びとが、「合理的配慮」によってコミュニケーションの問題を解決すべきともされました。

　わが国では「合理的配慮」について、教育・福祉・医療・労働などの分野で検討が行われています。どのような配慮をすべきなのか、どのような配慮をしてほしいと本人が望んでいるのかについても、十分に研究されていく必要があります。

　本書では、これまでの経験や議論をふまえながら、知的障害・発達障害のある人に対する合理的配慮、特にコミュニケーションにおいて配慮すべき点について、提案したいと思います。

　また、2000年前後から、世界では知的障害のある人の意思尊重・自己決定についても議論されてきました。本書では、本人の意思尊重・自己決定を支援するその方法についても、考え方や技法を紹介したいと思います。

# 第2章
# 生活自立のための合理的配慮と支援

# 1　ワーキングメモリに着目

## ワーキングメモリ

最近、注目されている脳の機能として、ワーキングメモリがあります。ワーキングメモリとは、短期に記憶して、頭の中であれやこれや考えるときに使われる記憶のことです。

たとえば、1歳台の小さな子どもに「○○ちゃん」と呼びかけます。すると、その子は歩きながら大人のほうに近寄ってきます。しかし、そこに犬が出てくると、その犬に気を奪われてしまって、自分が呼ばれていることを忘れてしまいます。この様子から、この子のワーキングメモリは未形成であることがわかります。

ワーキングメモリとは、頭の中に留め置ける短期記憶のことです。もしも名前を呼ばれたことを覚えていれば、犬から注意がそれた後に、呼ばれたことを思い出し、そちらに向かうことができます。この段階になると、ワーキングメモリの容量は1つ(もしくは1つ以上)となります。一般的には、ワーキングメモリは、年齢とともに増えていきます。

たとえば「洋服を着替えて、帽子をかぶって、体育館で待っていてください」と、先生が小学生に言ったとします。この文章には3つの内容が含まれています。この3つを理解し、了解できるようになるのは、平均で7歳とされています。2つのことを一度に覚えられるのは4歳とされており、この年齢になると、ワーキングメモリによって簡単な段取りを立てられるようにもなります。

## 言語性メモリと視空間性メモリ

ワーキングメモリには「言語性ワーキングメモリ」と「視空間性ワーキングメモリ」の2つがあります。

言語性ワーキングメモリは、言葉を聞き、その言葉だけで頭のなかであれやこれや考えるときに使うものです。言語性ワーキングメモリが優位な人は、人との話がメモを取らなくても頭に入り、分析したり結論づけたりすることができます。

一方で、言葉だけでは頭のなかに入りにくい人たちもいます。そういう人は、絵や

写真、あるいはメモを取ることで、ワーキングメモリを確実なものにします。このように、見て覚えるワーキングメモリのことを、視空間性ワーキングメモリと呼びます。視空間性ワーキングメモリが優位な人は、絵や写真で覚える、文字で記憶するという方法を取ります。

　一般的には、知的障害・発達障害のある人は、言語性ワーキングメモリだけではなく、視空間性ワーキングメモリを使って伝えるほうがわかりやすいとされています。ただ話をするだけでなく、絵や写真を見せて理解を促す必要があります。

## メモリの容量と配慮

　ワーキングメモリの容量が不足すると、学習がスムーズにすすみません。たとえば、ワーキングメモリが少ないと、一度「これは正しい」と思い込んでしまうと、まわりから「違う」と否定されてもなかなか修正できなかったりします。思い込んだら変えられないのは、メモリ容量が不足している結果として起こる場合もあります。

　容量の不足は、「言われていることがよくわからない」「理解できない」「それがいいことか悪いことか判断できない」ということにもつながります。それは、ときには反抗的・挑戦的な態度に見えたりもします。

　なお「人から見たときに、自分の言動はどう理解されているか」がわかることを「メタ認知」といいます。このような他者視点の獲得は、一般的には9〜10歳頃とされています。そこまで成長しないと、自分が「反抗的・挑戦的」だと見られていることがわからない場合があります。

　ワーキングメモリは、人間が人間としてしっかりと現実を把握し、適切な選択をしながら生きていくときに、とても重要な役割を果たすものです。何かを学ぶときにもワーキングメモリは重要な働きをします。ワーキングメモリへの配慮は、知的障害・発達障害のある人たちとかかわる際には不可欠です。

　（知的障害・発達障害ばかりではなく、脳に関係するさまざまな疾患、うつ病、統合失調症、認知症なども、ワーキングメモリの問題から起こると考えられています。）

## 2　生活のあり方とコミュニケーション

### 生活場面をテーマに

コミュニケーションにはテーマがあります。週末に出かけたこと、好きな本や遊び、体調のこと、はたまた恋愛についてなど、テーマはさまざまでしょう。これらのテーマを共有できないと、コミュニケーションは成り立ちません。

　知的障害・発達障害のある人への支援の場でのコミュニケーションでは、生活のさまざまな場面がテーマになることが多いと思います。今日の仕事、明日の予定、次のレクレーションでやってみたいこと、などです。

　生活の場面をコミュニケーションのテーマにする場合、生活自体が知的障害・発達障害のある人にとってわかりやすいものになっていることが大切です。本人なりに理解していないものをテーマにしてコミュニケーションをとることは、不可能ではありませんが、時間がかかります。

　では、わかりやすい生活とはどういうものでしょうか。

### わかりやすい生活

わかりやすい生活にするために基本的なこととして、規則正しく過ごすことが第一です。ことばでの理解が難しい方でも、「○○をしたら△△」という流れはわかりやすいでしょう。手を洗ったら食事、食事が終わったら歯をみがくなど、生活が規則正しく組み立てられていれば、「次は、○○」といったことばのコミュニケーションでも、見通しをもちやすくなります。

　さらに、多くの支援の場で行われているように、生活の流れをスケジュール表などで「見える化」するといいと思います。知的障害・発達障害のある人は、具体的なものは理解しやすい一方、抽象的なものは理解しにくいという特性があります。具体的とは目に見えるものや触ることができるもの、抽象的とは目に見えないものや触れないものと考えると、わかりやすいでしょう。

　過去～現在～未来と流れる時間は目に見えず、触れません。しかし、スケジュール表などにすることによって見えるようになり、わかりやすくなるのです。

## 主体的な生活

スケジュール表を活用する際に大切なことは、「作っておしまい」にしないことです。

場面が切り替わるタイミングで、「いま、何をやったっけ？」「次は何をするの？」など、スケジュール表を見ながらコミュニケーションをとりましょう。ことばでもかまわないし、写真やシンボルなどを指さししてもいいでしょう。このかかわりによって、スケジュール表を理解しているかどうか、また「今、自分は○○をしている」と、主体的に生活できているかどうかを確認することができます。

理解がまだあいまいな場合は、それぞれの場面を「作業」「食事」「休憩」などと、ことばでラベリングすることに取り組みます。生活のなかで繰り返し使うことばは、はじめは意味がわからなくても覚えやすいものです。たとえば、数字の理解が未熟な子どもでも、マンションの7階に住んでいると「7」だけは弁別できて、7のボタンを押せたり、「なな」と読めたりすることがあります。

規則正しい生活やスケジュール表などの活用で、生活の場面とことばが結び付き、コミュニケーションをとるときに役立ちます。余暇に外出した際も、その場で「ここはどこですか？」「○○温泉です」などと、本人が答えられるようにコミュニケーションをとっておくと、記憶に定着しやすいものです。写真を撮っておくのもいいでしょう。スケジュール表の活用と同様、本人を受け身にせず、発信してもらうことが大切です。

## 余暇とコミュニケーション

成人期になり、余暇活動などで新たな人たちとかかわって、コミュニケーションをとる機会があると、本人たちの意外な姿が見られることがあります。同世代の友だちには関心がないと思っていたのに、キャンプのときに仲間の輪に入って一緒に料理をつくっていた。受け身なタイプだと思っていたのに、カラオケのときに出しゃばって注意されていた。……こんなふうに、生活のなかの新たな刺激が、必然性のあるコミュニケーションを生み出し、本人たちの生活をより豊かなものにしてくれます。

# 3　生育環境と支援のあり方

## 環境から受ける影響は

保護者とともに家庭で暮らすのではなく、施設や病院で育った子どもの身体面や精神面にさまざまな症状や影響が出ることを、ホスピタリズムといいます。一般の家庭で暮らし、一般の園や学校に通った場合でも、ホスピタリズムほど極端ではないにせよ、育った環境からさまざまな影響を受けることは、想像に難くないと思います。

多くの場合は個人差の範囲に収まるのでしょうが、知的障害・発達障害のある人の場合、理解力の偏りや弱さ、記憶の仕方の特異性といった認知特性により、環境から受ける影響は障害のない人より多いと考えられます。

ある幼児の例です。それまでは家庭で不規則な生活をしていましたが、保護者のがんばりによって、毎朝決まった時間に起きて散歩をし、遅刻せず保育園に通い、早く寝るようになったということがありました。すると、それまでことばを話さなかった子が、徐々にことばを話すようになったのです。

また、保護者が体調を崩したことにより、食事や入浴などが不規則になっていた小学生の例です。マイペースさが強く、ことばは話すもののコミュニケーションをとるのが難しい状態でしたが、保護者が長期入院することになったので、3か月ほど短期入所をすることになりました。その後、入所先から戻ってきた彼は、とても落ち着いて、コミュニケーションの面でも疎通性がずいぶんよくなっていました。

他にも、特別支援学校の高等部に通っていたときは不安が強く、なかなか安定して過ごせなかった方が、卒業後、農作業を行う日中活動の事業所を利用するようになり、徐々に落ち着くようになったという例もあります。

## 配慮すべき生育環境

学校には、さまざまな授業、さまざまな行事が用意されています。いずれも、その年代の子どもにとって必要なものですが、知的障害や発達障害のある子どものなかには、変化のある毎日に適応するのが難しい子どもがいます。

一方、卒業すると、社会人としての毎日は、多くの場合淡々としたものです。この淡々とした毎日が心地よく、安定して過ごせるようになるのは珍しいことではありません。

　いずれのケースも、環境の変化だけが要因ではないはずです。本人自身の成長、年齢的な変化が重なったこともあるでしょう。支援の場では、支援計画を立案する際に、現在の様子だけでなく、これまでの生育環境を把握しておくよう配慮したいと思います。

　本人の調子がよければ、その環境が「合っている」ということになりますが、本人の調子がよくないときには、これまでの生育環境のなかに、よりよい手立てを考えるヒントがある場合があります。それは「お手本」かもしれないし、「反面教師」かもしれませんが、本人が育った生育環境は、その時点でできるかぎりのものが選ばれているはずですので、安易に「いい、悪い」などと判断することは避けなければなりません。

## 成長とともに変化する

　コミュニケーション支援の視点に注目すると、これまでの生育環境から学び、今の生活環境を本人にとってわかりやすいものにする必要があります。生活環境が本人にとってわかりやすいものになると、成人の方でも日々の暮らしのなかで能力を成長させることが増えていきます。

　特別支援学校の高等部を卒業した当初、予定の変更の度に不安になり、いらいらすることの多くなる方がいました。事業所でも家庭でもカレンダーを積極的に活用するようになり、見通しをもてないことへのいらいらは徐々に減っていきました。しかし、次にはスケジュール確認を執拗に行うようになり、周囲の大人がストレスを溜めるようになってしまいました。そのためカレンダーを家中からなくしたりした時期もありましたが、それから10年近くたった今では、ことばで見通しをもてることが増えてくるとともに、カレンダーに固執することもほとんどなくなっています。

# 4　物理的な配慮──構造化とジグの使用

## ①構造化：気が散りやすい場合

　神経心理学的な問題から、集中が悪かったり、持続ができにくかったりする場合があります。こういう人の場合は「音を遮断する」「目から入る刺激を減らす」などの配慮が有効とされています。

## ②見てわかる：見通しの持ちにくさに配慮

　小学校の低学年から中学年くらいの教室には、一日の授業の流れが黒板に書かれていることがあります。おそらく順番や見通しをもちにくい子どもたちへの配慮だと思われます。これが、小学校高学年から中学生になると、そういう配慮が少なくなったり、なくなったりします。それは、徐々に自分で見通しが立てられるような年齢になっていくからだと思われます。それでも、わかりにくい子どものためには、仕事の手順など、見てわかるようにしておきましょう。

## ③過敏さと鈍感さ：感覚への配慮

　当事者調査の結果、とくに発達障害の場合には、音への過敏性、視覚への過敏性、触覚への過敏性などがあげられています。社会性が低いとかコミュニケーションが取りづらいという以前に、感覚や知覚にいろいろな問題をもっており、このために適応状態が不良となります。

　音への感覚過敏がある人たちは、びくびくしがちになりますので、イヤーマフなどのジグ（道具／器具）使われています。一方、鈍感という場合もあります。痛覚に鈍感さがあれば、ケガをしても気づきにくくなりますので、ケガをしていないかなどのチェックが必要になります。

## ④数えられない

　数をかぞえられない人には、ひとつずつかぞえなくても、見ただけで数がそろっているかどうか（10個単位、など）わかるようにするのも有効でしょう。そのために、箱を仕切ったりするなどの工夫や配慮をすることが、知的障害をカバーします。

## ⑤手順・順番が思い出せない

　記憶に問題がある人の場合、何回もやったことでも、一番目の作業に取り掛かることができない（手順や順番を思い出せない）人がいます。その場合、手順や順番を復習させることも必要です。発達障害がある人のなかには、「自分の思った通りにやればいい」と考える人がいます。まわりの人と相談し、確認して進めるべきことを、社会性の弱さも手伝って、自分勝手にやってしまうのです。しかし、それが職場で問題になることがあります。本人には悪気がないのかもしれませんが、注意していく必要があります。

# 5　環境や雰囲気への配慮

## ①落ち着いた雰囲気

　一般的には、あまり刺激が多くない、落ち着いた雰囲気のほうが、本人の注意や持続力を保つのに有効です。

## ②変わらないことの安心感

　もともと適応能力に課題をもつ人が多いため、環境が変わることを非常に心配したり、不安に思うことがあります。まわりからすれば、よい環境に変わったと感じることでも、本人にはつらい場合があるので、環境が変わるときには、あらかじめ説明をすることや丁寧に話しておくことで、安心感をもたせる必要があります。

## ③天候の影響

　天候などの影響によって不安定になる場合があります。雷をとても怖がったり、地震が来るとパニックを起こしてしまうことも見られます。それらについては、幼い反応だととらえるのではなくて、そういう傾向があると思って対応してほしいと思います。
　季節の変わり目に、精神的に不安定になる人もいます。十分な睡眠をはじめ、体調管理を行うことが大切です。

# 第3章
# 意思尊重への合理的配慮と支援

# 1　意思決定と伝えあい

## 意思決定支援の重要性

　本人の意思決定を支援することの重要性が取り上げられるようになりました。
　もともと言語能力に問題があり、意思を表現することそのものに課題をもつ人がいます。その場合、たとえば伝達、報告、確認などを促して意思を形成していく必要があります。
　意思決定支援は、まだまだ緒についたばかりの考え方ですが、本人なりの意思を尊重していくこと、また、そのことへの支援が必要であるということについては、理解がすすんできています。
　それとともに、意志表現の仕方も伝えていく必要があります。意思を表現するとき、話し言葉だけではなく、絵や写真、最近ではスマホなどを使って、中華料理に行きたいのかイタリアンにしたいのかを表明する人もいます。このことで、本人の意思を確認でき、また本人に自分の意思で決定するという体験を積ませることになります。

## 意思を伝える手段

　「自己決定・意思の尊重」が大切であることは言うまでもありません。けれども、発達にさまざまな障害がある本人の意思を「どうやって確認すればいいのか」また、その意思や決定を「どこまで尊重するべきなのか」に悩むことがしばしばあります。
　私たちは、多くの場合、自分の意思をことばによって伝え合おうとします。しかし、「以心伝心」とか「目は口ほどにものを言い」といわれるように、意思を伝えるのはことばに限りません。
　生まれて間もない赤ん坊は、感覚的に不快な事柄に対して、泣くことで意思を表します。徐々に、声によって自分の意図を表したり、身振りを使って訴えたりするようになり、いずれことばを獲得していきます。声や表情、身振りなどの行動でも、意思を伝え合うことができますが、より詳しく精緻な内容を伝える手段として、「ことば」には優れているところがあります。

## 「好み」を伝える

「意思」について考えるとき、原点となるのは自我といわれる自分の存在です。人と自分を区別するもっとも原初的な形として、「好み」があります。

好みについては、「スパゲティは好きか嫌いか」などのように、食べ物をテーマにするとわかりやすいでしょう。それが好きなものならば、「スパゲティがほしい」「ちょうだい」と言えれば、意思を伝えられたことになります。そこに時間的な視点が加わって「今度の日曜日は、スパゲティを食べに行きたい」となれば、より複雑な内容を伝えられるようになったといえます。さらに、いろいろな視点が入ってきたり、自分なりの考えが出てくれば、内容の深まりとして、かなりのレベルに達したといえるでしょう。

## 意思を引き出すかかわり方

「大人になったら、花とかを育てる仕事がいいかな、って。何かを教えることは私にはあんまり得意じゃないから、先生とかは無理だと思う」

「私がやろうとしてるときに、お母さんが『やれ』」って大声で怒る、あんなにひどい言い方をしなくても、私だってもうわかってる。お母さんが私のために言っているのもわかるけど」

これは発達障害のある中学2年生の女の子のことばです。時間的に長い先のことを考えた発言や、自分の特性を自分なりに考えての選択、相手の立場も理解しながらの主張など、彼女のことばから、ずいぶん大人になったなあと感じます。

子どもの意思を育てるためには、かかわる大人の側にも、意識的な配慮が必要です。「意思を引き出すかかわり方」と言えるかもしれません。毎日の生活のなかで、選択できる範囲のなかで「どっちにする？」と尋ねたり、「どっちでもいいの？」などと確認していくことも、意思を引き出すかかわりです。「あなたには、気持ちのやさしいところがあるね」「いつもニコニコ明るいよね」「がんばったね」といったことばも、子ども自身のなかに、自分というものをつくっていく助けとなります。決めつけにならない程度に、心がけていきたいところです。

## 受け入れ難い要望への対応

また、本人が伝えてくる事柄が、社会的に受け入れがたい表現である場合には、大人がきちんと判断して注意したり、他の表現方法を教えていく必要があります。意思は、適切な方法で表現されなければ受け入れてもらえないことも、根気よく伝えていかなければなりません。

大人になっても、発達が未熟であればあるほど、その人の意思を、ことばよりも全身を使った行動からとらえる必要があります。知的な障害のある人たちは、ことばを適切に使うことが難しい場合も多く、その意思がどのような状態であるのか、「行動で判断する」見方も大切です。

また、ある程度はことばを使って伝えられたとしても、本人の意思や決定をどれくらい受け入れるか、悩むことはよくあります。その人が育った背景など環境の問題や、文化の影響も排除することはできません。特に、一定の年齢になってからの成人の人とのつきあいにおいては、少し先を生きた大人として「私はこうだと思うよ」という伝え方を心がけましょう。

発達に障害があると、それまでの経験の幅もあまり広くありませんし、想像することに難しさをかかえ、考えが偏ることもあります。彼らの言葉通りに何でも尊重すればいいのだとは思えないこともあります。そんなときは、「そう考えたら、……となるんじゃないかな」「……だから、こうなると思うよ」と伝えたり、他の発達障害の方の例を話したりします。それでも本人が自分の意思を主張するならば、「じゃあ、それでやってみるか……」と受け入れて、「○○のようになるかもしれないけど、やってみないとわからないもんね」と伝えて、結果を引き受ける覚悟も、合わせて話していきましょう。

# 2　ことばの指導と自己肯定感

## がまんできない子どもに向きあうとき

　赤ちゃんは「いやだー」と思えば、全身でそれを表します。周囲の大人はそれを受け入れることで、子どもは人というものに対する基本的信頼関係を築き上げていく、とも言われています。けれども、子どもが少しずつ成長するとともに、泣くことではない他の手段を使って自分の気持ちを訴えることを、大人は子どもに求めるようになっていきます。体が大きくなってきた子どもが、いつまでも泣いているのはおかしい、と感じていくものです。

　スーパーなどで、何かを訴えているらしい子どもと、向かい合っている親の姿を見かけることがあります。「今日は、無理だよ」といっても我慢できずに泣き騒ぐ子どもに対して、大声を上げて叱るしかない大人のことも、わからないではありません。しかし、「○○がほしいのね」とか「○○がやりたかったんだね」と言ってあげると、子どもの気持ちがすーっと収まっていくことを経験することもあります。

　「ゲームがやりたい（欲しい）」と訴える子どもと「今日はダメ」と主張をぶつけ合っているうちに、いつのまにか、子どもの気持ちはもともとの「ゲームがやりたい（欲しい）」ということではなくなって、自分の気持ちをわかってもらえない大人に対しての抵抗に変わっていたのかな、とも思える瞬間だったりします。

## 大人の表現が伝え方を教えている

また、大人がこんなふうに対応することは、子どもに対して、「こういうときには泣いたり大声を上げるのではなくて、『○○がしたい』っていう伝え方をするんだよ」など、ことばでの表現を教えることにもなっているわけです。

ただ、伝え合えたからといっても、それがそのとおりにかなうかどうかは別問題です。でも、いったん受け止めてもらえた子どもは、納得もしやすくなります。

「今日は時間がないから、今度ね」「今日は買えないから、がまんしようね」などと言われた子どもは、ヒクヒクと肩をふるわせながらも、気持ちはだんだんと収まっていっているように感じます。泣いたりわめいたり、頭がかっかと燃え盛っているときには、理屈は入っていかないものです。感情が収まっていったときに、ことばによる理屈が伝わるのだなあと感じます。

## 感情の先走りをおさえることば

感情とことばについて、もう一つの経験を紹介します。

自閉症スペクトラム障害の青年は、調理作業の際に、自分のうっかりミスで食材を床に落とすことがありました。すると、すぐにイライラした様子になり、慌てて拾い上げ、誰も何も言っていないのに自分の指をかんだりして周囲の人を驚かせるのでした。「食材を落とす→周囲から注意を受ける→何か言われるのはイヤ」という気持ちが素早くつながり、自分の指をかむという行動になるのではないかと考えられます。

食材をうっかり落とすことは、誰にでもあることです。「落としちゃった。すみません」といえば、だれもそれ以上に注意したりすることはないのに、一人イラついてしまうのです。もちろん、食材を落とすのはまずいことであり、落とさないようにしてほしいことは、周囲が伝えたいことでもあります。ところが、それが伝わらず、感情だけが先走っているように思えました。

そこで、「落とした」という現象を確認したら、まずは「落としちゃった」と、ことばにすること。そして、「注意を受ける」のではなく、「気をつけよう」ということを伝えるように心がけました。「すみません」のことばはまだ出てきませんが、少なくとも、落としてしまったときにひどくイラつくことはなくなりました。

## 言語指導と苦手意識

幼児期から言語指導を受けてきたAさん。成人した今では、「風邪をひいているので、お休みします」というように、理由をつける接続詞を用いた表現ができるようになっています。しかし、Aさんは自分から話しかけてくることが非常に少なく、相手から話しかけられると伏し目がちに答えます。コミュニケーションをとることを楽しめない、苦手と思っているような姿です。

多くの場合、コミュニケーションの練習をすることで、まわりの人とのコミュニケーションが円滑になり、コミュニケーションの意欲が高まっていきます。しかし、なかにはAさんのように、かえって苦手意識をもってしまう人もいます。

練習の場では、質問されて答えることが多くなります。そして『正解』があります。「正解しなくては！」という思いがあると、コミュニケーションを楽しむ余裕がなくなってしまうのでしょう。『質問＝テストされている』と感じてしまうのかもしれません。

## 目的は生活を豊かにすること

Bさんも、Aさんと同じように言語指導を受けてきました。幼児期には簡単な単語も理解できませんでしたが、現在は「かばんを持ってきてください」というような、日常的な一つの指示は理解できるようになりました。表出は一語文が出ていますが、発音が不明瞭なため、身近な人でないと聞き取れないことがあります。しかし、Bさんは、「買い物に行こう」と言われると、自分で絵カードを指して買いたい物を伝えようとします。支払いでは、金額が理解できないので「お・し・え・て」と言って、助けを求めてきます。プールに行った日には「プール！」と嬉しそうに話してきたりします。

わかる言葉、話せる言葉は、まだ少ないのですが、コミュニケーションを楽しみ、必要としているように見えます。

　Bさんの指導でめざしてきたのは、正確な言葉を覚えることよりも、日常生活での混乱が減るように、少しでも自らの意思を伝えられるように、ということでした。

　たとえば、プールに行く前には「プールに行くよ」と言いながら絵カードを見せたり、おやつの前には「おせんべい、アイス、どっちがいい？」と絵カードを見せて選ばせたりしました。生活のなかで、コミュニケーションをとるための工夫をしていったのです。

　相手の言いたいことがわかる場面が増えることで、Bさんは安心感を得ることができたようです。また、伝えたいことが伝わったという喜びを感じ、自分からコミュニケーションをとるようになりました。わかる安心感と伝わる喜びが、自己肯定感を高めることにもつながったと感じています。

　成人してからのBさんは、週末は親元を離れてショートステイを利用したり、ボランティアの協力で外出を楽しんだりしています。まわりの人とのコミュニケーションは、単語や指差し、ジェスチャー、絵や写真カードを駆使して行っています。いきいきと生活するBさんを見るにつけ、コミュニケーションを支援する目的は、その人の生活を豊かにすることだと感じています。

# 第4章
# コミュニケーションへの合理的配慮と支援

# 1　かかわり方への配慮

## ①感情的に叱らない

　知的障害・発達障害のある本人は、人とのかかわりのなかで、トラブルを起こした体験が少なくないでしょう。感情的に強く叱られたり、注意されたりする体験を積み重ねてきた人のなかには、感情的に叱られると、その体験を思い出して激しく動揺したり、感情を混乱させてしまうこともあります。その場にいられなくなって飛び出してしまう、という人もいるでしょう。感情的に叱るのではなく、冷静に指摘したり注意するほうが、内容も伝わりやすくなります。

## ②威圧的でない指示

　威圧的に指示されて「はい、わかりました」と言っていても、指示をよく理解していないことが多々あります。「自分より偉い人、上の人」と思うと、とたんに従順になってしまうけれども、それは態度だけで、指示内容は理解していないこともあります。理解しているかどうか、確認しながらかかわり、伝えていく必要があります。

## ③決定権への誤解──認識のまちがいを正す

　「工場では命令ばっかりされる」と言う青年がいます。彼は「それは誰が決めることなのか」がよくわからず、上司や同僚の言葉を誤解して受け取っています。「決定権」について誤解している人たちは、しばしば被害的な見方をしがちです。成長の過程で「決定権」について学習する機会がなかったのでしょう。そこで、認識のまちがいを正す必要があります。被害的・反抗的・挑戦的に見える姿の背景に、決定権への誤解がある場合があります。

## ④理由がわからない

　先ほども述べましたが、知的障害・発達障害のある人は「なぜ?」「どうして?」と、まわりに聞くことが少ないという言語発達上の特徴があります。それが「理由がわからない」という姿につながっていきます。「○○だから○○しなさい」「○○だから○○を先にやりなさい」と言っても、その「○○だから」という理由の部分がわからないことがあります。理由の部分がよくわからないので、命令ばかりされていると感じてしまうのです。そこで、理由がわからない場合には「○○です、○○しなさい」「○○です、○○から先にしよう」というふうに、理由をつけずに内容を伝える話し方のほうが丁寧な表現方法だと言えます。

## ⑤自分の感覚へのこだわり

　自分の感覚に、とてもこだわる人たちがいます。自分の感覚で「うるさい」とか「暑い」「疲れた」と言うわけですが、これだけを聞いていると、不平不満にも聞こえます。本来の発達のなかでは、そういったマイナス感覚を自ら乗り越えていく姿が見られるものですが、その乗り越え体験が不足しているのです。そこで、「暑い」「疲れた」と感じながらも、がまんしてそれを乗り越え、結果を出すことができたときには、おおいに本人を認めてあげましょう。

# 2　共感と差異

### ①共通体験をとおして困り度を知る

　知的障害の人の困り度や発達障害の人の困り感は、本人が表現できにくいために、私たちは類推することが多くなります。本人の手記や生育歴などの調査から、障害についてはわかるところも増えてきています。しかし、まだまだ知的障害・発達障害のある人たちがどのような体験をしているのか、実際にはよくわかっていません。

　そこで、できるだけ体験を通して知ることが大事です。共通体験をしながら、本人がどういうところにひっかかり、どういうところに困っているのかを知っていきます。例えば、一緒に仕事をするのも「共通体験」の一つです。

　あわせて、本人が自らの困り感についての言語化に問題をもっていることも理解しておく必要があります。また、言語化されたとしても、それが適切に表現できていない可能性をふまえながら、さらに本人の困り感を推測していく必要があります。

### ②共感する

　なによりも、「知的障害・発達障害があるために、いろいろな意味で困っているだろうな」と、まずは共感する必要があります。共感することで、本人の気持ち・感じ方・理解の仕方などを知ることにつながります。

### ③答えをせかさない

　言葉やコミュニケーション能力に問題をもつために、小さいころから人とのスムーズなコミュニケーションをとれなかった人が多いと思います。そのため、一定のテンポで対話をするなどの練習や体験が不足している可能性があります。前にも述べましたが「喚語」が困難な場合もあります。スムーズな普通の会話ではなく、相手が答えを言うまでしばらく待つなどの配慮が必要です。

## ④ゆっくりと話す

　テンポが速い話し方だと、本人はついていけない可能性があります。本人がわかるようにゆっくりと、また本人がわかる言葉で話していく必要があります。

## ⑤答えやすい話をする

　「何でもいいから」とか、「どうでもいいから」と言われると、その答えは無限の可能性がありえます。知的障害がある場合には、ワーキングメモリの問題もあり、頭のなかでいくつものことを同時に比較・判断するのは難しいといえます。ワーキングメモリの項で述べたように、できるだけ選択制の質問形式にしてあげることが、本人に答えやすい話し方となります。言葉で聞き取るのが難しい人の場合には、絵や写真を使うなど、本人が自分の答えを表現できやすく配慮しましょう。

# 3　コミュニケーションへの配慮

## ①共感と語彙の数

　気持ちの言葉は見えず、さわることができない抽象的なものです。そのため、知的障害・発達障害のある人たちにとっては、苦手な領域になってしまいがちです。
　どこかに行ったときなど、その感想を聞くと「楽しかった」「面白かった」で終わってしまうことがよくあります。気持ちの表現が、多様化せず深まっていきません。本人が「楽しかった」「面白かった」というからそれだけなのかと思っていると、そうでもなかったりします。
　「何が面白かった？」と聞くと「○○が○○で面白かった」と説明してくれることもあります。本来ならば、そこで「面白かった」よりは「びっくりした」とか「もっと知りたいと思った」というふうに表現したほうがいい場合もあります。しかし、語彙数の問題もあり、それらの表現が出てこないわけです。

## ②心がけたい一文一意（避けたい重文、複文）

　「危ないから、そんなに早いスピードで自転車で走ってはいけません」という例は、説明する側としては丁寧な説明でしょう。しかし、知的障害がある人からみると、わかりづらい文章になります。「危ない」「そんなに早くしない」「ゆっくり」「ケガをするよ」というふうに、一文一文を短く切って、一文一意の形にして表現するとわかりやすいでしょう。
　これは、非常に重要なポイントです。重文、複文といった、文章がいくつもあるような表現は避けたいものです。

## ③わかりづらい二重否定文

　知的障害のある人の取調べ場面に立ち会ったことがあります。
　係官は、黙秘権の説明として「しゃべりたくないことは、しゃべらなくていい」と説明しました。「しゃべりたくないことは、しゃべらなくていい」は、二重の否定文です。このような二重の否定文は、本人にはとてもわかりづらい内容です。
　二重否定文は日常の生活のなかでしばしば使われますが、避けたほうがよいでしょう。上の説明では「しゃべりたいことをしゃべってください」と言うほうがわかりやすいと思います。

## ④ストレートな表現とぶしつけな表現

　婉曲で間接的な表現も理解しにくいため、ストレートな表現を心がけたいものです。
　実際に本人のもの言いも、非常にストレートな表現をとってしまうので、ぶしつけな感じがすることがあります。例えば、暑いときに「水をください」とか「○○がしたい」というふうにストレートな表現をして、相手に「失礼な人」だという印象をもたれたりします。本人には悪気はないのですが、婉曲で間接的な言い回しができにくいために、そういう表現になってしまいます。
　とくに、発達障害がある人のストレートな表現が、相手の誤解を生むことがあります。婉曲に間接的に表現する場合、相手の気持ちの配慮など、さまざまな要因が働きます。ぶしつけな表現については、「こう言ったほうがいい」というように修正して教えます。

## ⑤沈黙は「理解できない？」と考える

　話をしているとき、とくに、質問をしたときに、本人が黙ってしまうことがあります。
　人間は、人から「お名前は？」「どこのご出身ですか？」「どちらにお住まいですか？」と聞かれると、答えてしまう傾向があります。質問されたら答える、というのはとても不思議な心理的な傾向です。これは、知的障害・発達障害のある場合も同じです。私たちは、質問されると答えるという傾向を使いながら、コミュニケーションを築いていきます。ですから、質問に答えない場合は、質問の内容が難しかったのか、理解できていないのか、違う表現にしないとわかってもらえないのか、などと考える必要があります。質問の表現については、再考の余地ありです。

## ⑥視空間性ワーキングメモリを重視する

　繰り返しになりますが、言語性ワーキングメモリだけに頼らず、絵や写真などの視空間性ワーキングメモリを使って、相手の意思や気持ちを確認したり、仕事の手順や工程を伝えていくことも、合理的配慮の一つの大きなポイントとなります。

# 4　質問の仕方で大事なこと

　質問をする際に重要なことは、「何を質問されているのか」が相手に伝わっていることです。質問が理解できていなければ、当然のこと、適切な答えは返ってこないでしょう。しかし、発達障害がある場合、疑問詞の理解などにつまずきがあり、問われていること自体が理解できないことが少なくありません。

## 理解できていないかもしれないサイン

　質問がわからないとき「わかりません」「もう一度言ってください」などと言ってくれれば、質問を繰り返したり、言い方を変えたりできます。しかし、そうした反応を返してくれないことがあります。
　黙って視線をそらせてしまう人は、「質問されたくないのかな？」と誤解されやすいタイプです。わかっていないのに「はい」と返事をして、なんとなくその場を凌ぐ人も多くいます。質問とはまったく違う、自分の興味のある話をしてくる人は、自己中心的に見えてしまうかもしれません。
　しかし、こうした反応をする人のなかに、実は質問の内容を理解できなくて、ほんとうは困っている人がいるのです。こうしたサインを汲み取り、質問の仕方を配慮することが大切です。

## 疑問詞の理解度を知る

　疑問詞の理解は、順を追って発達します。「誰？」「何？」が1歳台、「どこ？」が2歳台、「どうやって？」「いつ？」が2歳後半から3歳台、「どうして？」「なぜ？」は最も遅く4歳後半にならないと理解できない、とされています。
　いつも理解できない質問ばかりされていれば、人と会話することが億劫になったり、苦手意識をもったりするのは当然と言えます。とくに「どうして」「なぜ」の質問を繰り返されると「責められている」と感じるようです。日頃の会話のなかで、本

人の理解度を探っておく必要があります。

　質問が理解できない場合、一つ前の段階の疑問詞を使って表現してみる方法が有効です。例えば「どうやって来ましたか？」を「何に乗って来ましたか？」と置き換えると、答えられる場合があります。

## オープンクエスチョンとクローズドクエスチョン

　疑問詞の理解度をふまえると同時に、質問の形式を工夫することも有効です。

　質問の形式には、自由に答えを考えられるオープンクエスチョンと、選択肢のなかから選ぶクローズドクエスチョンがあります。「どこに行きたいですか？」（「映画です」）というやりとりはオープンクエスチョン、「映画、デパート、遊園地のなかで、どこに行きたいですか？」（「映画です」）というのはクローズドクエスチョンのやりとりです。

　オープンクエスチョンのほうが、本人の意思を尊重した質問の仕方のように感じられるかもしれません。しかし、「どこ？」の意味が理解できずに答えられない場合や、選択肢が思い浮かばずに困ってしまう場合は、クローズドクエスチョンで聞くほうが親切でしょう。選択肢があるため、「どこ」が理解できなくても、好きなほうを選ぶことができれば答えられるからです。

　なお、口頭での質問のみだと、選択肢を覚えておかねばならず、イメージももちにくいことがあります。絵や写真、文字などで選択肢を示すと、さらにわかりやすくなるでしょう。

## 理由が言えない、わからない

　知的障害・発達障害のある子どもの言語獲得の特徴の一つとして、「なんで？」というふうに聞かない、あるいは質問することが少ないことがあげられます。

　一般的には、子どもたちは3歳前後くらいから「なんで？」と質問してきます。あわせて「なぜ？」「どうして？」と疑問詞が広がります。同時に、「だって～」と自己主張したり、「だから～」と理由づけをして説明することもできるようになってきます。これは、なにかの言動をする場合には、自分なりの理由が必要だということをわかってきた証拠とも言えます。

一方、知的障害・発達障害のある子どもたちのなかには、「なんで？」「どうして？」「なぜ？」という疑問詞を使わない子が少なくありません。一般的には、子どもたちは「どうしてそう言うのか？」「なぜそんなことをするのか？」と質問することによって、人の言動の理由を学びます。本来ならば、そういうふうに理由を学ぶことで、相手との理解や合意などが生まれてくるわけです。しかし、「なんで？」「どうして？」と聞かない子どもは、相手の真意や理由を学ぶことができにくく、相手との理解や合意が生まれにくくなるのです。

　なお、「なんで？」「どうして？」と聞いて答えられない場合でも、「Aなのかな？Bなのかな？」というふうに二者択一で理由を問うことで、答えられるようになることがあります。たとえば「どうして電車が好きなの？」と質問しても答えられない場合、「電車に乗ると楽しいから？　それとも遠くに行けるから？　どっち？」と聞くと、どちらか一つを答えられることがあります。

　言葉がスムーズに頭に浮かばないことを「喚語困難」と言います。これは、しばしば高齢者などに見られる姿です。知的障害・発達障害のある子たちが理由を述べるときにうまく言えない原因には、喚語困難・喚語障害が発生している可能性があります。

# 第5章
本人への具体的な伝え方

## 「伝え方」が問われる理由

知的障害の特徴として、言語理解、とくに抽象語の問題が挙げられます。子どもが言葉を理解していくとき、自動車を例に挙げると、「ブーブー」と擬音語を真似ながら、「車」を理解します。次に、擬音語（ブーブー）から「車」へと言葉を進めます。さらに２歳前後になると、「車」は「自動車」という言葉でも言い表せることを理解できます。さらに２歳台後半から「車＝乗る（もの）」という動詞がわかるようになります。

ここで大きな飛躍が起こります。子どもたちは「乗るもの」から「乗り物」へと理解を高めるのです。「乗り物」というとき、自動車、バス、自転車、オートバイなどは実際に存在します。その形を見ることもできるし、さわることもできます。ところが、この「乗り物」は実在せず、見ることもさわることもできないものです。それは、似たような働きをもつ言葉をまとめた「抽象語」「分類箱の言葉」だからです。知的障害があると、この抽象語、分類語が理解しづらいとされています。

抽象語理解の問題を考えるとき、たとえば「国際関係において経済の問題は重要なテーマになっている」とか「遠距離の移動には交通手段の適切な選択が必要だ」などのように、抽象語がいくつも重なっている文章は、知的障害のある人にはわかりにくくなります。

## 抽象語があふれる世界で

私たちは、たくさんの抽象語を使って暮らしています。「好きな食べ物はなんですか？」と、あたりまえのように人に聞きます。「どんな音楽がお好みですか？」あるいは「どんな絵が好きですか？」とも質問します。このとき、「食べ物」「音楽」「絵」などの言葉は、すべて抽象語です。知的障害の程度が重い場合は、この抽象語が理解できません。理解できない場合には、たとえば「りんごが好きですか？」「みかんが好きですか？」というふうに具体物に置き換えて聞く必要があります。そうすれば答えられる可能性があるからです。

このような抽象語は絵や写真にできませんが、具体的なものは絵や写真で示すことができます。ですから、具体語を絵や写真にして選ばせることで、本人の理解を促すことができるのです。

たとえば、感情を示す「たのしい」「うれしい」「かなしい」「せつない」などの言

葉も、見たりさわったりできない抽象語です。

　こうした感情を表す言葉では、知的障害のある人の場合、「たのしい」を「楽しい」という意味ではなくて、別の意味で使っていることがあります。意味が違う場合、お互いに相手の気持ちがわからず、話が混乱することがあります。抽象語については、「相手がどう理解しているのか」、とくに理解の内容に踏み込んで話をしていく必要があるでしょう。

　知的障害のない発達障害の人の場合も、本人にとってどういう言葉がわかりにくいのか、どういう言葉が通じやすいのかを知る必要があります。

　また、知的障害のある人、コミュニケーション障害のある人の特徴の一つとして、文脈の読みづらさがあげられます。たとえば、一般的には「今日はいい天気ですね」と問われれば、「いい天気ですね」というふうに、文脈をふまえて相手に答えます。それができずに、とんちんかんな答えをすることがあるのです。この文脈の読みづらさ・わかりづらさは、コミュニケーションの場面だけではありません。日常の行動にも見られます。

## 「障害の程度」が問われる理由

　障害は、けっして一様ではありません。知的障害にも「障害の程度」というものがあり、重度・中度・軽度と区分けされたりします。「障害の程度」は、理解力だけでなく、運動機能やＡＤＬ（Activities of Daily Living：日常生活動作）など、さまざまな面に影響があらわれます。

　現在、知的障害の程度を決める物差しとして、知能検査が使われています。この知能検査が、子どもや青年たちの適応状態をきちんと評価できるかというと、けっしてそうではありません。たとえば、ＩＱが50という20歳の青年が２人いるとします。この２人は、ＩＱ値は同じですが、理解力が同じだとは言えません。それは、知能検査で算出された数値は同じ50ではあるけれども、その人がもっている言語理解能力や表現能力、あるいはその他さまざまな知能の状態は、けっして同じではないからです。数値的には同じでも、本人の能力・内容を直接反映したものではないのです。

　そこで、知能検査だけではなく、社会性、身辺自立の程度、運動能力、作業能力などさまざまな領域で評価が行われるようになりました。その結果を総合的に判断して、障害の程度を決めています。

## 知的障害を3つの段階で理解する

知的障害について理解するうえで、とても参考になる本があります。スウェーデンでまとめられた『ペーテルってどんな人──知的障害をもつ人の全体像をとらえる』という本です（シャシュティン・ヨーランソン、アンニカ・ヴァルグレン、ソルベーイ・バルイマン著。全国障害者生活支援研究会の監修による翻訳が、大揚社から2000年に出ています）。

この本では、人の知能段階をA〜Dの4つに区分けし、知的障害のある人は3段階まで発達するとしています。

各段階については、次のように具体的な特徴が述べられています。

【A段階】
・現在に生きています
・実物がないとわかりません
・身体言語はわかります（歯ブラシではなく「歯磨き」と言われると、その行為は理解し行動できる）
・一つの行動が次の行動を導きます（くり返せば一連の動作ができるようになる）
・まわりの人の接し方が大切です

【B段階】
・写真や話し言葉が理解できます
・話すだけの価値がなくてはいけません
・いろいろな単語が見分けられます
・明日という日があります
・いろいろな数があります
・実際に試してみなければなりません
・方向の目印を借りれば道がわかります

【C段階】
・読み書き計算ができます（掛け算や割り算はできない）
・計画が立てられます（単一の推論はできても、複数の推論を比較検討するこ

とはできない)
・現金と小切手の違いがわかりません
・比喩・ことわざが理解できません

　ここで示されている段階を日本に置き換えると、Aは重度、Bは中度、Cは軽度の知的障害に相当すると思われます（D段階については「抽象的な事柄や比喩がわかり、数字を使って計算できる」と簡単に紹介されています）。なお、体験や学習によって、比喩やことわざがわかる人もいます。絶対的な基準ではありません。

「現在」に生きている。
実物がないとわからない。
身体言語はわかる。
繰り返せば一連の動作ができるようになる。

写真や話し言葉が理解できる。
明日という日がイメージできる。
いろいろな単語・数がわかる。
実際に試して見ないとわからない。

読み書き計算が可能。
計画が立てられる。
現金と小切手の違いはわからない。
比喩・ことわざなどは理解できない。

# 1　短く話すこと

　言語の発達を評価する見方として、その子が話す言葉の長さと量、1つのテーマに沿って会話が何回続いたか、という視点があります。

　言葉の長さという点については、「マンマ」「ブーブー」のような初めての言葉が出る時期は一語文、「アオ　ボーシ」「ブーブー　アッター」などのように2つにつながれば二語文、「あーちゃん、ゆきちゃんと　プールした」などのようになれば三語文といいます。言葉のなかの要素を数えて、その要素が増えていくことが発達の指標となります。

　言葉の量という点については、表現できる語彙が増えていくこと。言葉の種類も、名詞、助詞、形容詞などに広がっていくことです。一般的な発達では、1歳前後に意味のある言葉が出るようになり、その後、半年くらいを過ぎると助詞を使い始め、言葉も爆発的に増えていく時期があります。2歳くらいになれば200〜300語をしゃべるといわれています。

　長さと量の2つが発達していくことによって、より豊かな表現が可能になり、深く伝えあえることになります。

　「プール」と一言で言っているときは、「プールに行きたい」と言いたいのか、「昨日プールに行ってきた」と言いたいのか、かかわる大人が推測して、意図を汲み取る必要があります。三語文になれば、「〜〜さんと、遊園地のプールに行きました」というように、昨日はお休みだったから、お友だちとプールに行ったんだな、きっとプールが楽しかったことを伝えたいんだろうな、とわかります。

　言語の発達では、表現と理解力を分けて考えていく必要があります。上に書いたことは、子どもの表現力のことです。表現力は、理解力とも密接なつながりがあります。ある程度おしゃべりができる場合は、自分が表現している長さくらいなら、言われたことはわかっていると言われています。つまり、二語文をしゃべっているくらいの子どもであれば、二語文の理解はできるということです。

　ところが、かかわる大人がていねいに説明しようとするあまりか、長々としゃべりすぎることがあります。そうすると、かえって子どもに伝わりません。かかわる大人の側が、障害のある人の表現の長さを判断して、同じくらいの長さに区切って話すことで、話が伝わりやすくなります。もちろん、毎日同じことが繰り返される場合など、少し長めの表現をしてもわかるようになることも多いです。ただ、これは習慣としてもできるようになっているということもありますので、状況が少し変わっただけで、

とたんに混乱することがあります。

　気をつけなければいけないのは、発達の障害がある場合、言葉で伝えることがとても難しい人たちがいることです。しかし、言葉での表現をできない人が、まったく何もわかっていないということではありません。毎日、同じ言葉をかけられるなかで、しゃべれなくても言われたことがわかるという場面は、確実に増えていきます。

　また、知的障害のない人の場合は、どんな会話でもひと通りはできるように思われますが、テーマによって会話の続く長さがまったく異なるということがよく起こります。障害のない人でも、自分の興味のないことについては、それほど会話が続かないのはあたりまえだとも思えますが、発達障害の人との会話では、それがやや極端なかたちになってあらわれることがよくあります。

　自分の好きなパソコンとモバイルフォンの通信速度のことなら、とうとうと話す一方で、夏休みの旅行のことを聞いても、「予定はありません」の一言で済ませたりします。自分の興味に対して非常に率直でもありますが、相手からみると「愛想ないなあ」と思われる瞬間でもあります。理解力や表現力の問題ではなく、興味関心の向け方の違いですから、認めてもいい場合もあるでしょうし、「少しはおしゃべりにつきあってもいいんじゃない」などと提案することもあります。たとえば「ぼくは予定はないけど、〜〜さんの予定はどうですか？」などという切り返し方を教えたり、前の休みに自分が出かけたときのことを話すように伝えて、少し会話を続かせようよと伝えたりします。会話がはずんだときの楽しさに、気づいてほしいと思います。

---

［A段階の人への対応］

　かける言葉は簡潔に、一語か二語程度で、同じ言葉を繰り返しましょう。今やっていること、見えているものをテーマにすると良いでしょう。注目を促しながら実物を見せたり、身振りをつけて伝えます。こちらを見てくれない場合には、視界に入っていくようにしましょう。

［B段階の人への対応］

　声かけは短めに区切ることを意識する程度で、少し言い換えても良いでしょう。経験があることなら「〜〜したら、＊＊だよ」「＊＊と〜〜をやってね」など、2つ程度をつなげて伝えます。

［C段階の人への対応］

　日常的な会話については、長さの配慮はしなくても良いのですが、話題の内容によって、反応が変化する可能性があることを考慮する必要があります。

## 2　わかりにくい仮定文

　「もし……だったら」というように、仮定する言葉の使い方を、どのようにしてわかるようになっていくのでしょうか。ここに焦点を絞った研究などは見たことがありませんが、知能検査で3歳の項目に「もし……だったらどうする？」という質問があるので、少なくとも3歳くらいの力が必要なのだと思います。

　言語発達について大雑把に説明するならば、目の前にあることを表現できるようになり、そして過去や未来を表現できるようになる、と言われています。

　「もし、雨が降ったら、遠足は中止です」「もし、早く帰れたら、レストランに行きましょう」というのは、時系列でいえば、先のことになります。先のことを理解し、予測が立つようになる前に「○○だったら、△△になる」という因果関係の理解があります。これを出発点として、少し先のことへの見通しが立つようになっていきます。

　また、「もし、明日早く帰れたら、レストランに行こうね。だめだったら、インスタントラーメンでも食べて、レストランは来週ね」などというように、2つか3つのことを頭の中で想定して考える力は、想像力やワーキングメモリとも関係があるでしょう。

　知的障害がある場合には、まずは、ちょっとした順序のあること（△△をしてから、○○をしてね）への理解をすすめて、2つのことが話題になっているけれど、「先にやるのは△△のほうで、その後に○○をやる」ということを、教えていくことです。それが理解できないと、「もしも……」という仮定の意味をわかるのは、なかなか難しいでしょう。

　仮定文の難易度は、「もしも……」のあとにくるテーマによっても異なるようです。どういう内容の「もしも……」なら子どもたちが理解するのか、ということを調査したことがあります。わかりやすいのは「自分になんらかの得があること」と「天気の話題」でした。「がんばったからごほうび」というのは自分にとって切実な内容ですし、天気によって行動が左右されるということは、経験も多く積みやすい身近な内容なのでしょう。

　また、知的な障害のない自閉症スペクトラム障害の子どもたちにも、「もしも」がわからない、ということがあります。

　小学校3年生の子に、「もし、電車の切符を落としたら、どうする？」と聞いたところ、「落としません、使っていないから……」という答えが。たしかに今は小学生でも電子カードを使ってるものね……と思い、「じゃあ、カードを落としちゃったら、

どうする?」と尋ねると、「落としません」という返事。思わず「え?」と聞き返してしまいました。「もし、だよ、もしも、落としちゃったときは? ってことだよ」と強調して聞いてみましたが「だって落とさないから」と言い、それ以上は考えることができませんでした。知的な力には何の問題もなく、年齢相応かそれ以上の学力をもっているお子さんです（ただ、1年前には「どうしてそう思う?」といった、自分の考えを問われるような質問にも答えることができませんでした）。

　たとえ切符を日常的に使っていないとしても、あるいは落としたという経験がなくても、どんどん考えをつなげ、広げて想像して考えられるのが「言語」のもつ特性です。ところが、知的な障害がなくても、想像したりイメージすることが難しい子どもたちがいることを忘れてはなりません。

　このタイプの人たちは、他者への興味関心をもちにくく、自分の興味を超える内容の会話や、他愛もない会話をする量も少ないことが推測され、そうしたことからの影響もあるかもしれません。現実場面に近い絵本のようなものを使って考えさせたり、周囲の同年齢の子どもたちの話を聞いて考えさせるなど、イメージする力を育てていく必要があります。

---

［A段階の人への対応］
　「雨がやんだから、かさはおしまい」「おさらがピカピカ、次はぶどうね」というように、生活のなかで「つながりのある行動」が理解できるように促しましょう。

［B段階の人への対応］
　「おなかすいたね、どうしようか?」「雨が降ってきた、どうする?」などと、子どもが答えを言えるように、少し待ってみましょう。

［C段階の人への対応］
　身近に経験したことのある内容について、可能性のある2つのケースをどちらも説明しておくことです。

　（説明の例）「もし、一番になったら、アイス買ってあげるね、二番だったら買わないよ」「もし、〜が売ってなかったら、買わなくてもいい?　それともほかの店にいく?」「もし、雨が降ったら、明日の遠足は中止だよ。晴れたら、遠足に行けるね」。

　徐々に、未経験のことを推測して考えることを促していきましょう。

　（言葉かけの例）「もし、犬を飼ったら、ちゃんと世話できるかな?」「もし、泥棒が来たらどうする?」「もし、宝くじに当たったら?」などなど。

# 3　言える言葉の数と理解力との差

　言葉の発達は理解が先行し、表出が後に続きます。つまり、言うことはできなくても理解できることはあるということです。大切なのは「しゃべらないから、わからない」と決めつけないことです。

　支援者側に求められる配慮としては、本人が言葉で言えないことを伝えようとするとき、言葉だけでも伝わる可能性はあるのですが、実物や絵や写真、文字カードのように「見えるもの」が一緒だとわかりやすいでしょう。

　また、行動を求める場合は、言葉で伝えるとともに、すぐにやってみることです。配慮のつもりで待っていても、その間に言葉を忘れてしまって、いつまでたっても言葉と行動が結びつかない場合があります。この場合も、文字カードなど見えるものが一緒にあると、よりわかりやすいです。

　一方、発達の段階が問題なのではなく、構音（発音）に問題があるために、周囲の人に伝わるように言えないという場合もあります。なかには、言いたいことがなかなか伝わらないことに嫌気がさして、自分からは話さなくなってしまうというケースもあります。

　ある男性は、母音での発音が中心のため、言っていることが理解されにくく、本人のコミュニケーション意欲も低かったのですが、携帯電話のメールを使うようになると、「〇〇へ行った！　楽しかった」など、それまでとは別人のように伝えてくるようになりました。支援者が、伝える場面だけでなく、本人の表出を促す場面でも、彼らに合った手段やツールを用意することが大切です。

　また、「言えることは、すべて理解できている」と考えていいかというと、そうとはいえない場合があることに気をつける必要があります。

　ある男性は、「話すときは相手に近づきすぎてはいけません」と言いながら、いつも近づきすぎて周囲の人とトラブルになっていました。「話すときは相手に近づきすぎてはいけません」と、繰り返し注意を受けていたので、言い回しとして記憶はしていたのですが、それが「話す相手と適切な距離をとる必要がある」ということだとは、理解できていませんでした。言えることが理解できているのかどうか、実際の場面で確かめてみましょう。理解できていない場合は、「このイスに座っている人と話すときは、ここから話そうね」というように具体的に伝えることが大切です。

［A段階の人への対応］

　言える言葉がないだけでなく、まだ言葉で理解することもあいまいな段階です。支援者が伝えるときも、本人からの発信を促すときも、彼らが理解できる「実物」を通して行うと、コミュニケーションをとりやすいです。

［B段階の人への対応］

　言える言葉と理解力の差に、注意が必要な段階です。文字、写真など、見てわかる手がかりがあると、コミュニケーションの助けになります。言えないことでも、決まった場所や場面、決まったやり方であれば、繰り返しの経験を通して、ことばで理解できることが増えていきます。

［C段階の人への対応］

　抽象的な表現や他者視点の獲得が必要な説明についても、まわりの人の会話やテレビのセリフなどから覚えることができます。ただし、言えたとしても、意味を理解しているかどうかは確認する必要があります。

# 4　抽象語の理解

　言葉は、それ自体が事物から抽象されたものです。事物と言葉の関係性に気づいてつなげる必要があります。

　それでも、目の前にあるものならば、結び付きをつかみやすいでしょう。「くつ」「りんご」「いす」などは「具体的な言葉」です。ただ、「具体的」だからわかりやすいとは限りません。「いす」はわかっても「座席」は伝わりにくいというように、同じものでも、本人にとって身近に使われる言葉でないと、一気に難解なものとなります。

　特に漢字の熟語で示されるような言葉は、漢字の習得が遅れていたり、漢字を含む文章になじみがないと、身近にとらえにくいものになります。熟語は「成長」「挽回」「協力」などのように、抽象度の高い概念を表すことも多いものです。これを説明しようと言葉を重ねても、さらに理解から遠ざかる場合があります。

　また、抽象的な概念を示すのは、漢字で表される言葉だけではありません。支援者には身近な「きれい」「早く」「恥ずかしい」なども、概念として抽象的な部分を含んでいます。これらの言葉も、スムーズに伝わるとは限りません。

　本人にとって「身近でないこと」が難度を上げること。なかでも「熟語」はなじみがなくわかりにくいこと。また、あいまいな状況や理念、さらには他者の視点を含む「概念」的な言葉は理解しにくい傾向があること。……それらはあらかじめ配慮したいことです。

### ［A段階の人への対応］

**①気持ちを入れる**

　平板な調子で語られたらわからない言葉も、感情を含んだやりとりなら注意を向けやすく、印象深くわかりやすいものになります。気持ちを入れて語ることができるような事柄は、あまり多くはありませんが、「大丈夫！」と肩を優しくたたけば「安心感」を、「成功！」と声を上げてハイタッチすれば「歓喜」を伝えられます。プラス方向の気分が表情とともに伝わると、安定した行動につながります。

　また、声に気持ちを入れて「残念！」「ストップ！」と言うことで、相手にしてほしくない行動にブレーキをかける呼びかけを行うこともできます。ただし、それはマイナス方向の気分にも向かい、それによって混乱する人もいます。注意したいことです。

②身振りとともに

「多めに持ってきて」ということが伝わらない場合でも、「いっぱい！」と手を大きく広げて抱え込んで示すことで伝わることがあります。

「速く！」と言ってもゆったりしている人がいます。「速く！」という意味がどういう行動なのか、つかめていないからです。本人の手や体を速い動きで促しながら、「速く」を手のあおりで伝えていくとペースが上がる人がいます。

③繰り返し示すことで

A段階の方の場合、①「気持ちを入れる」伝え方も、②「身振り」での伝え方も、1度ですんなりと伝わるものではないでしょう。言葉と気持ちや身振りを、また、言葉と行動や意味をつなげるには、両者を生活のなかで繰り返し示していくようにすることです。

例えば、「イチ、ニ、サン……ジュウ」とカウントしながら実際の動作を繰り返すことを、日常の「歯をみがくとき」や「待つとき」に行います。その繰り返しの行動を通じて、「持続する」という意味をつかんでいくことになります。

A段階の方に、概念的な語やルールを言葉だけの説明で伝えていくのは難しく、非言語的な手立てで理解を広げていくことになりますが、それは、B段階、C段階の方にも有効な方法です。

[B段階の人への対応]

①キーワードと動作

「集合」「移動」「一緒」などは、しばしば使われる言葉です。「ここに集合！」「赤い線まで移動して！」「手をつないで一緒に！」など、具体的な行動と合わせていくなかで、それぞれの言葉が一定の動作のキーワードとして伝わります。

目に見える動作と状況が結び付いたところから理解が始まります。そこで、「3階に集合」「作業室に移動」など、距離や時間がその場の状況と離れる場合は、あらためて理解できるように伝えたほうが安心です。

②手順

「きれいに手を洗う」「きれいに掃除する」という場合、明確な汚れがあって、それが消えたことが見えないと、「きれいに」できたかどうかの判断がつきにくいようです。でも、一定の手順で洗ったり、掃除をすればきれいになるはず。手洗いや掃除の手順を追えば、きれいな状態になると示すことで、「きれい」を伝える必要があります。

「恥ずかしくないように着替えよう」など、他者視点を含む「恥ずかしい」という言葉の意味は、意外とつかみにくいものです。でも、更衣室のドアを閉めて着替えるといった手順がわかれば、「恥ずかしくない」という状況を実行できます。

抽象的な状態を示す言葉でも、一定の行動手順に置き換えると、その意味の一部を実現することができるのです。

[C段階の人への対応]

①易しい言葉で置き換える

「孤立って何ですか？」などと自分から尋ねてくる場合、支援者は「一人になることだよ」などと、やさしい言葉に置き換えて説明しようとします。しかし、そんなふうに言葉の意味を自ら尋ねてくる人は少ないです。本人と話していて、支援者自身の話す言葉に伝わりにくい部分があると感じたら、「信頼って知っていますか？」などと聞いてみましょう。「知っている」と言われても、表情が怪訝そうなら、「信頼される人……、頼りになる人になりましょう」などと言い直して伝えていきます。

ただ、言い換えるときに、ちょうど伝わりそうな言葉が浮かばないことが多くて苦労します。そんなとき、電子辞書やネットの辞書検索での確認は重宝です。本人に辞書で調べてもらうという方法もありますが、辞書の用例自体がよくわからず、理解があいまいなまま記憶していることもあります。辞書で調べたことについて再確認すると、より理解がすすむでしょう。

②概念を区切る

　ふだんからお金を使うことができ、なじんではいるものの、「両替」の意味がつかめない人がいました。1000円札を100円硬貨10枚に「変換」することと、あなたと私のお金を「交換」することとが同時に起きたので、混乱したようでした。

　抽象化された言葉のなかには、意味を短縮しているものがあり、それでわかりづらくなっていることもあります。そうした関係を図解すれば理解されやすいようですが、図を示すだけだと支援者の意図とは異なる抽出をするおそれがあります。実際の動きを再現するなど、さらに説明を加えるほうが正しい理解に進むと考えられます。

　複雑な概念や理念を含む抽象語の理解は、難しい点もありますが、非言語的な部分や具体的な言葉に還元していくことで、伝わるものを増やしていけると考えられます。

## 5　理由の理解と表現

　自分の主張が出てくる2歳頃から、大人は「あぶないから、だめ！」などと、理由を説明するようになります。子どもは、大人から伝えられる理由を聞き、学びながら判断基準を育てます。そして、「さびしいから、一緒に寝たい」などと、自分なりの理由を言うようになります。理由の背景にある判断基準も、好き嫌いといった自己中心的なものから、集団のルールといった社会的なものへと変化していきます。

　しかし、知的障害や発達障害があると、記憶の容量やことばの理解力の未熟さから、理由を年齢相応に理解したり、理由を主張できない場合があります。「どうして？」「なぜ？」といった理由を問う疑問詞に答えることは「5歳程度の理解力がないと難しい」と言われています。

　わからない理由を繰り返し説明されたり、問われたりすることは、言うまでもなく苦痛です。本人にわかりやすいように理由の説明を繰り返すことや、本人がどう考えたり、感じたりしているかを、言動から十分に察することは基本ですが、伝え方としては「◎◎を袋に入れてください」とか「座って作業してください」などと、やるべきことを手短かにまとめて行動に移してもらうほうが、結果として本人が納得しやすいことも多々あります。

　その際、「いやだ」とか「立ってやりたい」などと、本人なりの主張が返ってくることがあります。折り合いをつけられるのであれば双方の妥協点を探るのも良いと思いますが、「なぜ嫌なのですか？」といったやりとりが、本人にとって理解しにくく、かえって混乱を招いてしまうことが考えられます。また、支援者側が配慮して「限定的に」主張を受け入れたつもりが、本人は「全面的に」自分の主張が通るものだと勘違いしてしまうこともあるでしょう。

　それでは、「集団や事業所のルール」といった社会的な判断基準が背景にある理由が伝わらない場合、どう対応するのがいいのでしょうか。もちろん、その場で説明を繰り返すことも大切ですが、ふだんから係仕事など、集団のなかで役割を果たす経験を重ねてもらうことが必要です。集団の一員として行動できていないとき、集団のルールを守るという理由が伝わりにくいのは、あたりまえのことです。集団のなかで役に立っている、自分は人から感謝される存在であるという経験があってこそ、集団のルールを守ろうという気持ちが育つのではないでしょうか。

　なお、理由の説明ではありませんが、「いやだ」「やりたくない」といった思いに捉われてしまっている場合は、ひと呼吸置いて、「終わったら休憩ですよ」などと気持

ちの向き先を変えることも、ひとつの方法だと思います。気持ちをなかなか切り替えられず、困っている方もいるでしょう。その後、役割を果たすことができたら感謝を伝え、その方の「集団の一員としての実績」にしてもらいます。

[A段階の人への対応]

経験を通して「○○をしたら△△」「○○をしたから△△」と伝えることが、本人にとってわかりやすい理由の説明、見通しの伝え方になります。生活のなかのさまざまな場面で、手順や流れを決めることがポイントです。

[B段階の人への対応]

理由を理解し、自分で言うこともありますが、自己中心的な理由になることも少なくありません。年齢相応に接し、年齢相応の行動を求めるなかで、社会的な判断基準を背景にした理由を受け入れられるように、また伝えられるように働きかけます。

[C段階の人への対応]

本人なりに、集団や相手の立場に受け入れられるような理由を言うこともありますが、その言い回しを記憶しているだけで、自己中心的な思考から抜け出せないでいる場合も少なくありません。言葉での説明を繰り返すだけでなく、まずは集団のなかで自分の役割を果たすことを淡々と求めることが必要な場合もあります。余暇の場面などでは、自分が主張するだけでなく、相手の理由も聞き受け入れること、逆に相手が納得するような理由を考えて説得を試みること、意見の調整が必要な場合の対処法（話し合いのほか、多数決やくじ、順番、譲る、など）を経験できるといいと思います。

# 6　能動と受動・他者視点

①「Aさんが花瓶を壊した。」
②「花瓶がAさんに壊された」。

どちらも意味は同じですね。①の文は能動文、②の文は受動文と呼ばれています。能動文では、動作（＝壊した）を行った人（＝Aさん）が、その文の主語になります。一方、受動文では、動作の対象（＝花瓶）が、その文の主語になります。同じ状況を表しているのですが、「誰からその状況を見ているのか」という視点が変わっています。

他者視点という言葉があります。自分ではなく、「他者が自分や状況をどう見ているか」ということを意味します。多くの場合、人は成長ともに他者視点を獲得し、適応的なふるまいを学んでいきます。例えば、幼児の頃は人前で着がえても恥ずかしいとは思わないのに、小学生くらいになると、「他者が自分を見ておかしいと思う、見苦しいと思う」ということに気づくので、「恥ずかしい」という気持ちが芽生え、徐々に人前で着がえることはなくなります。痛かったり、思い通りにならなかったりしたときに、人前で大声で泣いたり、騒いだりしなくなるのも同様です。

知的障害や発達障害のある人は、この「他者視点」を年齢相応に獲得することが難しいといわれています。つまり「Aさんから見て……」「花瓶から見て……」というように、視点を切り替えるのも難しいということです。また、一般的な言語発達においても、能動文の獲得が先行し、受動文を獲得するのは5歳頃だといわれています。

ところで、日常生活のなかでは、「叩いたの？　叩かれたの？」「取ったの？　取られたの？」などというように質問する表現は珍しくありません。

この場合、前半の能動文（＝叩いたの？）、後半の受動文（＝叩かれたの？）、ともに省略されている主語（＝あなた＜聞き手＞）は変わらないので、視点は固定されています。しかし、意味を考えると、「叩く」という動作をした人は、前半の能動文と後半の受動文とでは入れ替わっています。このように、正反対の状況を助動詞の有無だけで表現できるのは、能動文・受動文の便利なところですが、助動詞の有無だけで異なる状況を理解するというのは、知的障害や発達障害のある人にとって難しいことです。

そこで、「あなたが（Cさんを）叩いたの？　Cさんが（あなたを）叩いたの？」あるいは「叩いたのは、あなたですか？　Cさんですか？」などのように尋ねるようにしましょう。「受動文をなるべく使わない」「過度の省略をしない」「答えてほしいことを選択肢として明示する」などが、わかりやすく伝えるポイントです。イラスト

などを併用すると、状況を共有しやすくなる場合もあります。

　なお、能動文・受動文と同様に、視点の切り替えが必要な表現として「あげる・もらう・くれる」があります。「いってらっしゃい・いってきます」「どうぞ・ありがとう」なども、同じ状況にいながら、立場によって言うべき言葉が違ってきます。言葉の意味ではなく、場面に合わせて話していると、相手の「オウム返し」になりがちですが、「相手の話を聞いて、考えて答える」経験を重ねるなかで、徐々に適切な表現になっていく方が多いようです。

---

[A段階の人への対応]

　能動文・受動文の前提となる、人と人、人と物とが関係する状況を理解したり、表現したりするのは難しい段階です。支援者が見守り、代弁する必要があります。

[B段階の人への対応]

　誤用や勘違いが多い段階です。強い口調で問われると、やってもいないのに「はい」と答えたり、やられてもいないのに「はい」と答えるおそれがあります。能動文で丁寧にコミュニケーションをとることが望ましい段階です。

　一方、「いってらっしゃい・いってきます」「どうぞ・ありがとう」といった表現は、繰り返し経験してもらいたいところです。挨拶ややりとりの表現は、本人どうしの関係、本人と支援者の関係づくりに大切だからです。

[C段階の人への対応]

　概ね理解し、使える人が多いと考えられますが、B段階と同様、強い口調での質問は避けるべきです。

---

# 7　類推力

　類推する力とは、言葉で表されないことを、想像で考えることです。「2　わかりにくい仮定文」の項でも書きましたが、想像力の育ちも関係してきます。また、物事と物事の「つながり」を見つけ出す力、つなげて考える力との関係もあると思われます。概念としての理解も、その前提の力としてあるでしょう。

　子どもたちの発達の姿を見ていると、生活の一場面ごとがブツ切れになっている時期から、それらがつながりをもって、連続性で考えられるようになる……。例えてみれば、写真から動画になり、それらがさらに３Ｄになっていくような感じがします。

　時を重ねている以上、私たちは生活のなかで、まったく同じことを２回経験することはできません。しかし、「同じようなこと」だと考えて、繰り返しのなかで身につけたり、過去の経験から学んだことを次に生かして、よりよく生きていこうとするのだと思います。

　「同じようなこと」だと考える力は、概念形成の基礎ともいえます。「ごはん」と言っても、朝食、昼食、夕食があるように、みな内容も形式も違うのですが、それらをまとめて「ごはん」とか「食事」と呼びますね。共通していることを抽出して、別の表現に置き換えること、それが概念ですが、知的な障害があると、この概念化に困難さがあります。まずは、同じものを形にはめたり同じ色に分けたりするなかでその基礎がわかるようになります。そして、言葉の育ちとともに「大小」などを、はじめの概念として学んでいきます。概念の理解が進み、３歳くらいになってようやく「子どもは小さい、大人は？」といった類推を求められる問いにも答えられるようになるわけです。

　この問題を、障害のある25歳の方に聞いたとき、彼の答えは「がまん」でした。「大人は我慢」と、お母さんが何かにつけ教えていた言葉だったのです。私は思わず「えらい！　そうだね」と言ってしまいました。知能検査的にはもちろん不正解なのですが。この例でわかる通り「大人は？」だけを単独に取り出して答えるのならば、「大人は立派」とか「大人は仕事」とか、いろいろな答えが想定されます。しかし、それでは類推の力にはなりません。この質問は、子どもの「大きさ」をテーマとしているのだから、大人についても大きさを答えなくてはいけないというつなげ方が必要になります。「リンゴは甘い、レモンは？」と聞かれたときは「味がテーマであること」を見出す必要があります。

　類推する力には「前提になる二語文の文章を理解」し、「三つ目の言葉まで記憶」し、

「それらを対比して考える力」もまた必要になるので、難しさが増すことになります。

　知的障害のない発達障害の方々には、前提の文章の理解には問題がない場合が多いのですが、あれこれを比較して考えるワーキングメモリといわれる働きに弱さをもつことがあります。その場合には答えがずれてしまうことがあります。また、答え方がパターン的に理解されると、どんどん正解になることがある一方で、その時期にはまっている話題などが出てくると、そちらに引きずられて正解ではなくなる場合があります。類推力はあるのですが、興味や注意のコントロールに問題があると考える必要があります。

［A段階の人への対応］
　色や形で分けたり、まとめて入れるなど、同じ特性を持つものを揃えることを教えましょう。「～はいけない」「＊＊しない」ではなくて、「～しよう」というように、行動を伝えることばかけをしましょう。

［B段階の人への対応］
　反対語、気持ちの言葉など、形容詞の語彙をふやしていく工夫をしましょう。
　おもちゃなどを用途によって分類して片付けること、絵などを見て仲間はずれはどれかをさがすこと、などが効果的です。

［C段階の人への対応］
　声かけや指示を、少しずつあいまいにしてみてはどうでしょうか（準備はできたかな？　やること終わったのかな？　これで仕事は終わったかな？　など）。「＊＊はどうする？」などのように、考えさせる会話を増やしていきましょう。

第5部　本人への具体的な伝え方

## 8　振り返る力と自己修正

　私たちは、何か失敗したときには、自分の言動を振り返ります。その際、私たちのなかにはもう一人の自分がいて、心のなかで「〇〇〇して良かったのかな？」「今度、同じことがあったら、どうしたら良いだろう？」などと自問自答します。そんなふうに振り返り、自問自答することで、自分の言動や考えを自ら修正していきます。失敗から学べるのは、自問自答ができるからです。

　ところが、発達障害があると、自問自答がうまくいきません。その結果、何度注意しても同じ失敗をしてしまったり、「やめて」と言っているそばからまた同じことをするといった姿につながってしまいます。

　自発的に自問自答できない人には、『①経験を振り返る→②どうしたら良いか、望ましい言動を導き出す』までのプロセスを支援していく必要があります。

### ［A段階の人への対応］

　過去の出来事を振り返り、文章で表現できるようになるのは、概ね4歳過ぎからと言われています。そのため、A段階の人にとっては、少し前のことを覚えておくこと自体が難しい場合が少なくありません。

　ただし、言葉で正確に振り返ることは難しいですが、体験を通して望ましい行動を理解することや、毎日の繰り返しのなかで自分がしたことを表現できるようにすることは可能です。

　言動の良し悪しを理解してもらうには、後から振り返るよりも、その場で評価することが有効です。良い言動には、「マル！」、良くない言動はその場で止めて「バツ！」と、身振りも添えて伝えましょう。そして、手本を見せたり手を添えたりして、望ましい行動を教えましょう。同じような場面でそれを繰り返していくことで、「今のは？」という問いかけに、自分から〇や×など、身振りで表すことも出てくるでしょう。

　また、自分の言動を振り返る練習として、日頃からスケジュールボードなどを活用すると良いでしょう。例えば、買い物から帰ったら「何をした？」と尋ね、絵や写真カードを貼っていきます。絵や写真カードだけでは意味が伝わりにくい人でも、体験した後に呈示すると理解しやすいようです。

　こうした支援を日常的に行っていると、これから行うスケジュールを伝える際にも使えるようになります。

［B段階の人への対応］

　「今日、私は、○○さんと、プールに　行きました。」といった簡単な文章で、自分の体験した事実について振り返り、表現することができる段階です。日頃から、日記や日誌をつけることで、振り返りを習慣づけることが有効です。

　ただ、ミスをしたとき「△△はダメです。いけません。」などと表現はするものの、そこからどうしたらよいかを自分で導き出すことは難しい段階です。選択肢を2～3挙げて、選んでもらう方法が有効です。その際、選択肢を忘れないように、紙に書いて示すといいでしょう。文字を読むことがスムーズでない場合は、イラストなどで示すと理解しやすくなります。

［C段階の人への対応］

　「うまくできてうれしかった」と気持ちを表現したり、「雨が降ったので、室内で作業しました」と理由をつけた表現ができる段階です。振り返りから、自分なりの修正案を考えることもできるでしょう。

　ただし、自発的に振り返ることは難しい場合が多いようです。振り返りの機会をつくってあげる必要があるでしょう。一緒に話し合って振り返るべき言動を伝えたり、適切な自己修正案に辿り着くよう導いていきます。誰かに押し付けられたのでなく、自分で修正したと感じられると、自発的に気をつける姿が期待できます。

　なかには、ゆっくり話し合うと理解できているようなのに、実際の行動にはなかなか活かせない人がいます。落ち着きがない、衝動的と言われるタイプです。言葉で自分に語りかける間がなく、思い立ったら即行動に移しているのでしょう。こうしたタイプの人には、「作業を始めます。いいですか？」と、これからやることを言葉で表し、許可を得てから行動するような習慣をつけていくと良いでしょう。振り返った後の修正案も、「わかっているはず」と思わずに、毎回確認してあげることが重要です。

　振り返りというと、良くない言動があったときだけ、行われがちです。それでは、支援する側は良かれと思っても、当人は『振り返り＝注意される』と感じることでしょう。良い言動があったとき、楽しかったときこそ、振り返りをするよう心がけたいものです。

# 9 わかりにくいあいまいな表現に注意

　私たちが日常行っているコミュニケーションでは、暗黙のうちに了解したり、場面で推測できることに関しては、言葉を省略して、効率よく行っています。また、よく伝わるようにと比喩や例え話をしたり、冗談を入れて和やかな雰囲気をつくったりします。しかし、このようなことは、発達障害のある人にはわかりにくいものが多いので、かかわるときには注意する必要があります。

［A段階の人への対応］

　A段階の人は、言葉だけではわからないことが多いのですが、言葉を場面と結びつけて覚えていることが多いので、言葉だけでも動けることがあります。実際に経験させることで理解を広げるようにしましょう。日ごろ身近にかかわっている人の言うことには慣れていて動けることでも、人が変わると同じ言葉を使っても動けないことがあります。もう一度経験を積み直す必要があります。

　A段階の人には、できるだけ理解しにくい余分な説明は省いて、必要最低限の言葉、直接的な表現を心がけましょう。また、手とり足とりして、実際に体験させて理解を深めることでコミュニケーションがとりやすくなります。

　私たちが日常行っているコミュニケーションで「伝わる、伝わらない」ということを問題にするのではなくて、ハンディをもつ人の特性や状況に合わせて伝え方を変えることで、伝わることが増え、誤解を減らすことができるという点が大切です。伝え方を工夫することで、お互いに助かることがあります。

　また、調子の波の大きい人は、調子の良いとき、悪いときで、理解レベルが大きく上下することがあります。その日の調子を見ながら伝え方を変えていくこが必要なこともあります。

［B段階の人への対応］

　B段階の人は、言葉でのやりとりがあっても、言葉だけではわかりにくいときがあり、わからなくても聞き返さないことが多いので、言葉だけでなくメモにしたり、チェックリストをつくったりして、視覚的な手がかりを活用することが役立つこともあります。

　「朝はここがだめだった」と、帰りがけに注意されても、本人は何のことかわからず、他人事のように思えて、次に活かせないことがあります。できるだけ、その場ですぐに、具体的に説明しましょう。また「明日はこの仕事をする」と言う

と、すぐにその場で始めようとする人もいます。カレンダーや時計などを利用して説明すると、わかることがあります。

　名前を呼ばれないと自分のことと思わず、聞き流すこともあります。指示や説明をする前に名前を呼んでから始めると、自分のことだとわかります。逆に、誰に言われているのかわからず、なんでも自分に言われたことだと誤解して混乱してしまう人もいます。この場合も、誰に対して言っているのか、はっきりさせると助かります。

［C段階の人への対応］

　C段階の人は、一見「言葉でのコミュニケーションに不自由はない」と思われることが多く、かえって「何回言ってもわからない」などのトラブルが起こりがちです。

　休憩時間に「好きなことをしていて良い」と言われても、どうしていいかわからず、何かをするわけでもなくフラフラしている姿や、お店に行って「好きなものを食べていいよ」と言われても、いつまでたっても選べない姿があります。そこで、選択肢を挙げて、そのなかから選ばせるようにします。それでも選べないときは、こちらで決めてあげると助かることがあります。

　「休憩は１時まで」と言うと、１時になってからトイレに行って準備を始める人もいます。「１時から仕事を始めるので、１時までにトイレに行っておくように」と具体的に指示することで、休憩が終わっても持ち場に戻れないことがなくなります。

　「しっかり」「きちんと」「きれいに」などの言葉は、言われただけでは具体的なイメージがわきにくいので、何をどうすればよいのか、具体的に指示するようにします。同様に「こっち」「あそこ」などの言葉もわかりにくいので、具体的な場所を示すようにします。

# 10　決定権の誤解

　一般企業に就職したCさん。「仕事自体はよくできるが、自分が好きでない仕事に回されると文句を言い、そのことについて指導するとふてくされる」とのことで、保護者が相談に見えました。Cさんと話してみると、「勝手に仕事を替えられるのが嫌」「○○さん（上司）は、僕ばかり注意する。僕を嫌いなんだ」と言います。

　会社の方には、Cさんの態度は反抗的・挑戦的に見えるのでしょう。実際に、雇用を継続できるか検討されているようです。ただ、Cさん自身は「働きたい。がんばる！」と言い、反抗しているつもりはないようです。

　Cさんは、『仕事の割り振りの決定権は、上司にある』ということがわかっていないのだと思います。やりたい仕事を自分で決められると誤解しています。さらに、『勤務態度について指導するのは、上司の仕事』ということも理解できていないようです。

●小さい頃からの対応が大切

　この「決定権」については、幼児期から長い期間をかけて理解していくものです。誤解させないためには、小さいうちから『大事なことは大人が決める』とし、大人の決定に従う力をつけていくことが大切です。もちろん「先生が決めます」などと話しても、素直に聞き入れられず、泣き騒いで自分の主張を通そうとすることもあるでしょう。しかし、ぶつかり合うからこそ、泣き騒いでも通らないものは通らない、人の決定に合わせなくてはならない場面もあることを学ぶことができます。合わせて、お手伝いや係などの仕事を経験することも大切です。人の役割を理解することにつながります。

●誰が決めるのかをはっきり示す

　すでに誤解してしまっている人に対しては、「決めるのは（上司の）○○さんです」「指導するのは○○さんの仕事です」というように、誰が決定権をもっているのかを明確に話しましょう。場面ごとに、誰が決めるのかを書いて示すなどの工夫も有効です。

---

［A段階の人への対応］

　A段階の人にとって、「決める」とは、抽象的で理解しにくい言葉です。言葉で伝えるとともに、実際に行動するなかで、決定に合わせた経験をしてもらう対応が必要です。この段階で、他者の決定に従えない状態だと、地域生活を送るのが難しくなる場合もあります。丁寧に根気良く伝えていく必要があります。

他者の決定に従うこと以上に、自分で決めることが難しい人もいます。自分で決めていい場面でも、指示待ちで行動を起こせなかったりする人です。レストランで好きなメニューを選ぶ、洋服を自分で選ぶなど、自分で選ぶ・決める機会をつくっていきたいものです。

[B段階の人への対応]

　他者の決定に従うことができる力は大切ですが、その決定が気まぐれで、その時その時でコロコロ変わるようでは、誰もが不満をもつでしょう。とくに、発達障害があって相手の気持ちや複雑な事情がわかりにくい場合は、不安になったり混乱したりするでしょう。人によって言うことが違うのも混乱を招きます。一貫したルールの下に決定する、複数の人がかかわる際には、ルールを一致させておくことが必要です。

[C段階の人への対応]

　自分なりの考えや好みがもてるので、強く主張してしまい、まわりとぶつかってしまう人もいます。「自分で決めていいこと」「人の決定に従うこと」を、明確に伝えていくことが必要です。

　一般的な会話では、「〇〇してくれますか？」「〇〇したほうがいいですね」と、やわらかい表現を使うことが多いのですが、こうした表現が誤解を与えてしまうことがあります。前者は依頼、後者は提案ですが、字義通りにとらえると、決定権があるのは依頼・提案された側にあります。そのため、真顔で「いいえ、結構です」「しなくてもいいですよ」という返事をされたりします。言葉を字義通りにとらえるような人には、ストレートに「〇〇してください」と話すほうが親切でしょう。

# 応用編　こんなふうに伝えてみよう

　知的障害の特性や程度をふまえないと、説明をしようとしても、コミュニケーションが取れないことがあります。

- ●A段階への主な配慮：絵や写真を使っても、説明だけではわかりにくいでしょう。繰り返しのなかで、生活の流れを把握し、自分でできるようになります。
- ●B段階への主な配慮：体験したことなど、具体的にイメージがわくことについては、絵や写真を使うと説明でわかることがあります。ただ抽象的な言葉はわかりづらいので、一文一意の短い文章で話すようにします。
- ●C段階への主な配慮：言葉だけでの説明でもわかることがあります。ただし、絵や写真を使ったほうがわかりやすく、正確な理解につながるでしょう。

　ここでは、主にC段階の人への説明の仕方を中心に紹介します。説明の仕方や体験によってはB段階の人にも理解できることがあるでしょう。

　C段階の人のなかには、抽象的な内容が理解できる人がいます。その場合は、その人の理解力や体験を加味しながら、説明してください。

## 1　ルールや法律

①いろいろな年齢の人たちがいます

　町や村には、お年寄りの人や、赤ちゃん、学校に通う人、働きに行く人などがいます。いろいろな年齢の人たちがいるのが町や村です。

②ルールや法律があります

　車が勝手に動いてしまえば、事故が起こるかもしれません。車と人がぶつからないようにするために、いろいろなルールがあります。町や村は決められた法律（ルール）で動いています。そのルールがないと、みんなが困るからです。

③ルールや法律は守らなければいけません

　ルールを守らないと、事故が起こるかもしれません。みんなが勝手に動いているのではなくて、ルールを守りながら生活している、ルールを守って動いている、と思いましょう。

## 2　働くこと

①働いています
　　会社や工場で働いている人がいます。お店で働いている人もいます。掃除をしている人もいます。たくさんの大人は、働いています。
②働くと役に立ちます
　　物を作れば、それを使う人がいます。掃除をすれば、きれいになります。掃除をすれば、気持ちがよくなります。物を作ったり、掃除をしたりすると、人の役に立ちます。
③上手になります
　　仕事をしていると、どんどん上手になります。早くできるようになります。上手になるとうれしくなりますね。

## 3　仕事について

①いろいろな仕事があります
　　仕事には、いろいろな仕事があります。レストランで料理や皿洗いをする仕事。後かたづけをする仕事。物を作る仕事。物を運ぶ仕事。ほんとうにいろいろな仕事があります。
②助け合います
　　すべての仕事をひとりですることはできません。みんなで仕事を分けてします。そうすれば、一人ではできなくても大丈夫です。
③みんなの役に立っています
　　仕事をすると、みんなの役に立ちます。助かる人がいます。役に立つことは、すばらしいことだと思いませんか。

## 4　給料のこと

①お金は大切です
　　お金は大切です。お金があると、食べものや洋服が買えます。電車やバスに乗ることができます。お金があると、自分の思ったことができます。
②働いてお金をもらいます
　　働くとお金がもらえます。がんばって働いたから、お金がもらえます。働かないとお金はもらえません。
③お金を使います
　　働くとお金がもらえます。働いてもらったお金です。自分の好きなことに、お金を使えます。でも、大切に使いましょう。

## 5　働く時間（休みのこと）を説明する

①決められた時間で働きます
　　働くときには、決められた時間があります。始める時間と、終わりの時間があります。ほかの人と時間を合わせて働きます。
②お休みの時間があります
　　働くときには、お休みの時間があります。お休みの時間がないと、疲れてしまいます。休むことで、また働けるようになります。
③病気のときは休みましょう
　　仕事をしているときに、お腹が痛くなったりしたら、ほかの人に言いましょう。熱があるときもほかの人に言います。病気のときには、仕事を休みましょう。

## 6　残業について

①仕事が終わらないときがあります
　　決められた仕事の時間だけでは、仕事が終わらないときがあります。そのときは、いつもよりも遅くまで仕事をします。これを残業と言います。
②指導する人の決めたことに従いましょう
　　残業は、上司など、ほかの人が決めます。残業すると言われたら、指示に従います。勝手に帰ってはいけません。
③残業すると給料が増えます
　　残業は仕事です。仕事をするとお金がもらえますね。残業も同じです。働いた分だけお金がもらえます。

## 7　貯金のすすめ

①お金はあるだけ使っていいですか？
　　働いてもらったお金は、みんな使ってもいいでしょうか。みんな使ってしまうと、何かを買いたくなっても買えません。
②貯金が大切です
　　お金を貯めることを貯金と言います。高いものを買うときは、貯金してお金を貯めます。病気のときも、貯金があると安心です。
③貯金すればカードで引き出せます
　　貯金すれば、カードでお金がおろせます。お金を持ち歩かないので安全です。必要なときにカードを使えます。
　　※クレジット機能付のカードを持つのは危険です。持たないようにしましょう。

## 8　たいせつな挨拶

①挨拶すると気持ちがいいです
　「おはようございます」と挨拶すると、ほかの人は気持ちがいいでしょう。
②元気なことを伝えます
　元気に「おはようございます」と挨拶すると、病気でないことがわかります。ほかの人に、一日元気に仕事ができることがわかります。
③他の人が元気かもわかります
　ほかの人が元気に挨拶すると、その人が元気なことがわかります。元気だから、いっしょに一日仕事ができます。

## 9　生活リズムと健康

①仕事を続けましょう
　仕事で休むと、ほかの人の「迷惑」になります。迷惑をかけるのはいけないことです。毎日、元気に職場に行くようにしましょう。
②寝る時間、起きる時間を決めましょう
　健康で元気でいるためには、寝る時間、起きる時間を守るようにします。生活リズムを整えるようにします。
③食事も大切です
　健康で元気でいるためには、食事も大切です。毎日、決められた時間に食事をするようにします。そうすれば、健康で元気になります。

## 10　「ありがとう」の言葉を

①「ありがとう」と言いましょう
　ほかの人から手伝ってもらったときには、「ありがとう」と言いましょう。助かったことを、ほかの人に伝えます。
②「ありがとう」と言われると気持ちがいいでしょう
　ほかの人から「ありがとう」と言われたら、役に立ったということです。役に立つと、うれしくなるでしょう。「ありがとう」と言われると気持ちがよくなりますね。
③仕事ができることに感謝しましょう
　毎日仕事ができることに感謝しましょう。健康で元気なことに「ありがとう」と思いましょう。「ありがとう」と思っていると、毎日が幸せになります。

## 第1部〜5部の参考文献

湯汲英史著（2003）なぜ伝わらないのか、どうしたら伝わるのか　大揚社
倉持親優著（2006）伝え合いを考える　かもがわ出版
湯汲英史・小倉尚子著（2009）決定権を誤解する子、理由を言えない子　かもがわ出版
湯汲英史編著（2011）発達障害のある子どもと話す27のポイント　かもがわ出版
湯汲英史編著（2010）ことばの力を伸ばす考え方・教え方　明石書店
湯澤美紀・河村暁・湯澤正通著（2013）ワーキングメモリと特別な支援　北大路書房
全国障害者生活支援研究会監訳（2000）ペーテルってどんな人　大揚社

# 第6章
# 神経心理学的評価と配慮に関する15の論点

# ① Neurodevelopmental Disorder ［神経発達症］

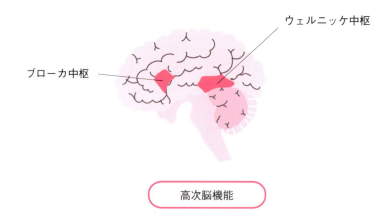

　アメリカ精神医学会はDSM-5で発達障害をNeurodevelopmental Disorder（神経発達症）に変更した。発達障害は一般的には、「心身の機能の発達が困難な、あるいは極めて緩慢な状態」（広辞苑第六版）とされてきたが、この変更で発達障害は神経発達の問題と明記された。つまり、発達障害は「心身の機能の基盤である脳機能、特に言語や認知や注意などの高次脳機能の発達が困難な、あるいは極めて緩慢な状態」といえる。

　歴史的には、高次脳機能は成人の脳損傷後の神経心理学的な症状から理解されてきた。例えば、発話の障害は左大脳半球の前頭葉の下部後方（ブローカ中枢）の損傷後に生じやすく、言語理解の障害は左大脳半球の側頭葉の上部後方（ウェルニッケ中枢）の損傷後に生じやすい。空間認知の障害は右大脳半球の頭頂葉の損傷後に現れる。高次脳機能障害と脳損傷部位との関係が分析されるにつれて、左右大脳半球間の機能差（機能の側性化）、半球内の機能差（機能の局在性）、半球間や半球内の中枢間の連絡による機能（機能の協調性）などが明らかにされた。

　成人の高次脳機能障害は脳の損傷や病変が原因で、健常に発達した高次脳機能が失われる獲得性（後天性）の障害である。発達障害は神経成熟の遅れや神経回路形成の偏りなど神経発達の問題によって、高次脳機能の発達に遅滞や特異さが現れる「発達性（先天性）の高次脳機能障害」といえる。

　脳の神経成熟や神経回路形成の早さは脳領域によって異なる。高次脳機能は主に大脳皮質（脳の外側）に関係する。大脳皮質は一次野、二次野、三次野に分けられる。一次野→二次野→三次野の順に成熟が進み、機能も複雑になる。発語のブローカ中枢は運動二次野の一部であり、言語理解のウェルニッケ中枢は聴覚二次野の一部である。三次野は連合野ともいわれる。代表的な連合野は頭頂連合野と前頭連合野である。前者は視覚・聴覚・触覚など様式の異なる感覚情報を統合し、後者は目的的な行動に必要な高次の運動情報を制御する。成熟の遅い脳領域の機能ほど発達の影響を受けやすい。一次野よりも、二次野や三次野の機能が遅滞や偏向しやすい。神経発達の問題によって、前述の高次脳機能の側性化や局在性や協調性が順調に形成されず、各種の高次脳機能に強みや弱みが生じた結果、発達の障害像にはさまざまな違いが現れる。合理的な配慮には高次脳機能の神経心理学的な理解が必須になる。

# 2 短期記憶と長期記憶

5.9.3.8.2.1.4.7.6......

短期記憶の容量は「7±2」チャンク
(*チャンク：意味のあるひとかたまり)

　人間は経験した事柄（情報）を覚えて（記銘）、後に想い出す（想起）。記憶の中核は情報の保持だが、どれくらいの「量」と「時間」で保持できるかで記憶は区別される。限られた量の情報を一時的に保持する記憶を短期記憶、莫大な量を長期間保持する記憶を長期記憶と呼ぶ。短期記憶と長期記憶は相互に連絡がある。外界と直接つながるのは短期記憶である。記銘のとき、情報は始めに短期記憶に入り、次に長期記憶に送られる。想起のとき、情報は長期記憶から短期記憶に転送される。短期記憶の内容は意識できるが、長期記憶の内容は意識できない。

　短期記憶が一度に保持できる容量は「7±2」チャンクである。少ない人で5、多い人で9チャンクになる。人間は情報を「意味あるまとまり」で処理する。チャンクは心理学的な意味単位である。記銘直後の想起（再生）で容量を測ると、材料が数字でも単語でも正確に想起できるのは7±2桁（個）になる。短期記憶が情報を保持できる時間は、何もしなければ約20秒間程度である。短期記憶で情報を長く保持するには、リハーサル（情報の心的な反復、意味づけ、他の情報との関係づけなど）という維持操作が必要になる。情報は短期記憶に長く留めおかれるほど、長期記憶に転送されやすい。長期記憶に入った情報はほぼ永続的に保持される。長期記憶の容量はほぼ無限である。長期記憶の情報は内容や種類によって、意味記憶（知識の記憶）、エピソード記憶（出来事の記憶）、そして手続記憶（技能の記憶）に分けて保持される。

　記憶には複数の脳部位が関連する。脳損傷後の記憶障害の研究から側頭葉内側部（海馬）が重要視されている。短期記憶から長期記憶への情報転送が障害されると記銘が困難、長期記憶から短期記憶への転送が障害されると想起が困難になる（側頭葉の損傷）。短期記憶の容量が低下すれば、一度に処理できる量が減り、記銘や想起が非効率的になる（前頭前野の損傷）。長期記憶の意味記憶、エピソード記憶、手続記憶は別個に障害されうる。知識を忘れる（側頭葉や頭頂葉の損傷）、出来事がわからない（側頭葉損傷）、技能ができない（基底核や小脳の損傷）などになる。神経発達に問題があれば、短期記憶の容量が少ない、適切にリハーサルできない、そして出来事や知識や技能の獲得が遅れる。これらの記憶の特徴への理解、道具を活用した記憶の補助、効率的に獲得する技法の工夫などが大切になる。

## ③ワーキングメモリ

　ワーキングメモリは短期記憶の考えを発展させたものである。短期記憶の内容（情報）は意識できる。意識できる情報は操れる。情報を一時的に保持して操作する記憶をワーキングメモリ（作動または作業記憶）と呼ぶ。ワーキングメモリは情報を意識的に操作する「場」であり、記憶だけでなく思考や行動など多くの心理活動に関係する。

　ワーキングメモリは主に「音声（音韻）ループ」「視空間スケッチ帳」「中央制御部」の3つの部品から成る。音声ループは情報を"心のことば"で操作し、視空間スケッチ帳は"心のイメージ"で操作する。中央制御部は部品の働き方を決定（処理資源を配分）する。

　ワーキングメモリは脳の前頭連合野（前頭前野）に関連する。連合野で多様な情報が統合される。前頭連合野が損傷されると、ワーキングメモリは障害されやすく、記銘や想起の効率が低下する。情報の意識的な操作も低下するために、思考に柔軟性がなく、行動に適応性が乏しい。

　前頭連合野は神経成熟が最も遅いとされる。発達障害ではワーキングメモリが遅滞しやすい。音声ループ、視空間スケッチ帳、中央制御部のすべてがうまく働かない場合や、ある部品だけがうまく働かない場合がある。音声ループが遅滞すれば、言語情報の操作が弱く、ことばや文の理解や表現が苦手になる。視空間スケッチ帳が遅滞すれば、視覚的なイメージの構成や展開などの空間的な操作が弱く、描画や積木が苦手になる。中央制御部が遅滞すれば、音声ループと視空間スケッチ帳を適切に制御できず、一度に処理できる情報量が少なく、同時に複数を処理できない。目標を保持する、複数の課題をこなす、柔軟に考える、計画的に行動するなどが苦手になる。

　ワーキングメモリが偏って発達し、音声ループや視空間スケッチ帳が"過剰"に働く場合もある。中央制御部が適切に機能せず、音声ループや視空間スケッチ帳が空回りする現象がみられる。独り言や同じことばを反復するのは音声ループの空回り、またある特定の形や物の配列や場所へのこだわりには視空間スケッチ帳の空回りが原因かもしれない。自閉症のある子によくみられる視覚情報の優れた処理能力、また時折みられるサバン現象（ある限られた領域で優れた能力を発露）も同様の可能性がある。ワーキングメモリの確認とその特徴を理解した配慮（例：少ない情報量で指示、一度に一つの課題など）が求められる。

# 4 感覚

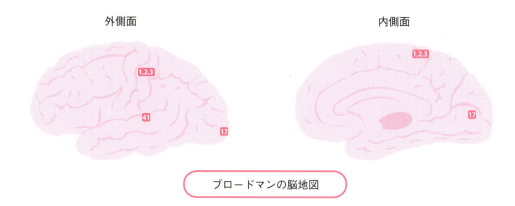

ブロードマンの脳地図

　人間は目や耳などの感覚器を通じて外界や身体からの刺激（情報）を感じ（感覚）、外界や自身の状態を知り（知覚）、さらに記憶など他の情報と統合してそれらを理解する（認知）。感覚は感覚器の興奮による。感覚器の種類だけ感覚がある。視覚、聴覚、味覚、嗅覚、体性感覚（触覚・温度覚・圧覚・振動覚・痛覚・運動覚）、平衡感覚、内臓感覚がある。味覚、嗅覚、触覚は快や不快の感情価を直接喚起しやすい。

　外界の物理的な刺激（エネルギー）は感覚器で神経（電気）信号に変換される。神経信号は感覚器の神経伝達路から大脳中心部（視床）を経由して、大脳皮質の感覚野に運ばれ、「感覚」が成立する。感覚器への刺激が過小だと、感覚は生じない。刺激が過剰で処理の上限を超えると当該感覚ではなく、感覚器を破損から守るために痛みが生じる。

　感覚は大脳皮質の感覚野、特に一次感覚野が中心になる。二次感覚野は知覚、また三次感覚野（連合野）は認知に関係する。後頭葉の後端に一次視覚野（ブロードマンの脳地図の17野）、側頭葉の上側頭回に一次聴覚野（41野）、頭頂葉の中心後回に一次体性感覚野（3、2、1野）がある。視覚では、光刺激が目の網膜で神経（電気）信号に変換→視神経→外側膝状体→視放線→後頭葉の視覚野に伝達される。聴覚では、音刺激（空気の振動）が耳の鼓膜と耳小骨を振動→蝸牛核で神経信号に変換→聴神経→内側膝状体→聴放線→側頭葉の聴覚野に伝達される。体性感覚では、皮膚への接触刺激が皮膚の感覚受容器で神経信号に変換→求心性末梢神経→脊髄→視床→頭頂葉の体性感覚野に伝達される。

　感覚器→神経伝達路→中継点→神経伝達路→大脳感覚野のどこが損傷されても感覚は障害される。損傷の程度によるが、視覚の場合、網膜や視神経の損傷で視野障害や盲、一次視覚野の損傷で皮質盲が生じる。聴覚も同様に、聾、聴野障害、皮質聾が生じる。体性感覚では、触覚や圧覚などの低下や脱失が生起する。

　感覚の障害は低下や喪失以外に過敏もある。光、音、触覚、さらに味や匂いに敏感になる場合がある。特に発達障害では感覚過敏のある場合が少なくない。光や音にわずらわされてイライラし集中が妨げられたり、触れられることを極端に嫌ったり、食べ物の好き嫌いが過剰に激しかったりする。感覚の確認と同時に、感覚の低下や過敏への適切な"道具"による補正や環境の整理（刺激の低減）が欠かせない。

## 5 認知

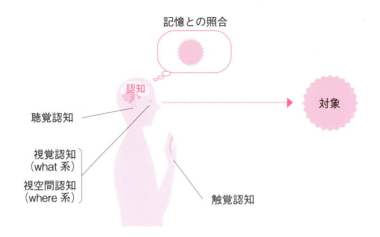

　見たり聞いたりしたもの（対象）が何かを理解（認知）するには、それを既存の知識（記憶）と照合しなければならない。認知の成立には、感覚や知覚に加えて、記憶や言語などの複数の心理過程が関係する。つまり、認知は感覚や知覚よりも複雑な高次の処理を必要とする脳機能といえる。

　対象を見て何かを理解（視覚認知）するのは、目→視神経→外側膝状体→視放線→大脳後頭葉一次視覚野→二次視覚野→側頭連合野の経路による（What系）。対象を見てどこにあるかを理解（視空間認知）するのは、目→視神経→外側膝状体→視放線→大脳後頭葉一次視覚野→二次視覚野→頭頂連合野の経路による（Where系）。対象の音を聞いて何かを理解（聴覚認知）するのは、耳→聴神経→内側膝状体→聴放線→大脳側頭葉一次聴覚野→二次聴覚野→側頭連合野の経路による。対象に触れて何かを理解（触覚認知）するのは、手→末梢神経→脊髄→視床→大脳頭頂葉一次体性感覚野→二次体性感覚野→側頭連合野の経路による。さらに、認知したものの名前を言うには、それらの情報が左大脳半球の言語野に送られて処理されなければならない。

　脳損傷後には、認知機能が障害される場合がある。認知機能の障害を失認という。失認には多くの種類がある。見たものの形がわからない統覚型視覚失認、形はわかるがそれが何かわからない連合型視覚失認、色がわからない色彩失認、左または右側の空間にあるものに気づかない半側空間無視、人の顔がわからない相貌失認、聞いた音が何かわからない環境音失認（言語音がわからない場合は失語）、手で触れたものが何かわからない触覚失認、自分の身体部位がわからない身体部位失認、指がわからない手指失認、左右関係がわからない左右失認、などがある。

　発達障害では、認知過程を支える各脳部位の神経成熟や脳部位間の神経連絡の形成が遅れたり偏ったりする。そのために認知の発達が全般に緩慢であったり、またはある認知は弱いが他の認知は強いといった認知発達の凸凹が現れたりする。

　発達障害の認知の問題では、読字や書字の困難、発達性相貌認知障害（失認）、そして発達性ゲルストマン症候群（手指認知、左右認知、書字障害、計算障害の4つを合併）が比較的知られているが、他の多くの認知機能の状態は十分に確認されていない現状にある。認知機能の強みと弱みのプロフィールの正確な理解に基づく配慮が望まれる。

# 6 集中と持続

**容量性注意** 障害
処理できる量・効率が低下する

**配分性注意** 障害
複数のことに同時に注意を分配できない

**持続性注意** 障害
集中の強さが動揺したり、集中が続かない

**選択性注意** 障害
外界の刺激に注意を適切に向けられない
すみやかな切り替えができない

　集中と持続は注意の働きによる。注意は意識を明瞭に焦点づける過程である。外界から無数の刺激が絶えず入るが、すべてが明瞭に意識されてはいない。限られた範囲の刺激を意識し（容量性注意）、特定の刺激に意識を向け（選択性注意）、重要な刺激に意識を集中し続け（持続性注意）、さらに複数の刺激に意識を振り分ける（配分性注意）。明瞭化された意識である注意はこのように複数の働きから成り立ち、大脳皮質（主に前頭葉・頭頂葉）と大脳皮質下（基底核・視床・脳幹網様体）とが連携（神経回路網）して営まれる。

　脳損傷後には注意障害が生じやすい。複数の注意機能が全般に障害される場合や、個別に障害される場合がある。容量性注意が障害されると、一度に処理できる量が少なくなる。そのために処理の効率が低下する。前頭葉の損傷や大脳全般の損傷で起きやすい。選択性注意が障害されると、外界の刺激に注意を適切に向けたり、速やかに切り替えたりできない。左右大脳半球の頭頂葉の損傷で起きるが、特に右頭頂葉の損傷後には注意の方向が右側に強く偏る現象（左半側空間無視：左側を無視して気づかない）が現れやすい。持続性注意が障害されると、注意を一定の強さに保ち続けられず、集中の強さが揺れ動いたり、集中が続かなかったりする。大脳皮質下の損傷や大脳半球全般の損傷で起きやすい。注意の持続が極度に低下すると、運動や動作を維持できない。運動維持困難症と呼ばれ、右大脳半球損傷後に生じやすい。配分性注意が障害されると、同時に複数のことに注意を分配できず、それらをうまく処理できない。前頭葉の損傷で起きやすい。

　発達障害の注意の問題は、行動から単純に集中や持続の問題として理解されやすい。注意に関係する各脳部位や連絡路の神経成熟によって、注意はさまざまな状態を示す。容量性注意が未熟な場合、一度に処理できる量が少なく、また処理の効率が低いために、会話の理解が悪い、新しい知識の獲得が遅れる。選択性注意では、注意を適切に方向づけられず散漫になり、また向けた注意をうまく切り替えられずに固着する。持続性注意では、集中が続かずぼんやりする、活動が続かない、会話や作業が中断または断片的になる。配分性注意では、一度に1つのことはうまくできるが、同時に2つ以上のことが要求されるとうまくできず混乱する。注意の特徴を理解した適切な対応や細やかな環境調整などの配慮が必要になる。

# 7 言語理解

言語理解の状態を把握して対応

　言語（聞きことば）を理解するには、他者の発することば（音声系列）から一つひとつの言語音を聞き分け（語音の知覚）、ことばとしての意味を解読すること（語義の認知）が必要になる。言語理解がある程度発達してから、発話が後追いする。言語は単一の働きではなく、言語理解と発話とに大別でき、それらに重要な脳部位があり、その成熟には時間差がある。

　臨床的には、言語理解は一度に意味理解できる言語の量と水準とに分けて考えられる。言語理解の量は音声系列から言語を意味単位で一度に解読できる量である。聴覚的な意味の把持量、または聴覚的な短期記憶の容量ともいえる。短い音声系列のほうが意味を解読しやすい。一語は二語よりも、二語は三語よりも理解しやすい。言語理解の水準は単語、動作語、性質語、関係語のどの意味水準まで理解できるかである。発達的には、単語→動作語→性質語→関係語の順で意味理解が進む。

　言語理解に重要な脳部位は左大脳半球側頭葉の上部後方にあるウェルニッケ野（言語理解中枢）で、二次聴覚野の一部でもある。音声は一次聴覚野で音響学的な特徴が分析され、二次聴覚野のウェルニッケ野で言語の意味が解析される。成人ではウェルニッケ野の損傷で、ウェルニッケ失語（感覚失語）が出現する。主に言語理解が障害される。一度に意味理解できる言語量が少なくなり、また言語の理解水準も低下する。障害が軽度のとき、長い文や複雑な文法の文の理解が困難になる。重度では、単語も理解できない。復唱（オウム返し）も障害される。発話はなめらかで自然だが、錯語（言い間違い）が現れる。音韻性錯語（音の入れ違い：エンピツ→テンピツ）や意味性錯語（単語の入れ違い：エンピツ→ケシゴム）が生じる。復唱にも錯語が混入しやすい。喚語に困難さ（名前がでてこない）があり、呼称（物の名前をいう）も苦手になる。

　言語理解の発達が遅れると、聴覚的な意味の把持量が少なく、また言語理解の水準は低い。そのために、言語理解の遅れが重度の場合には、一語の意味把握や単語水準の理解が難しい。軽度の場合には、長い話しことばの意味把握や関係語水準の理解が難しい。言語理解は発話に先行して発達するため、言語理解が遅れれば発話も遅れる。言語理解の状態を把握して、言語指示を理解できる長さに調整する、理解できる言語水準に合わせる、視覚的な手がかりを言語指示に添えるなどの配慮が求められる。

# 8 言語表現

　言語（話しことば）の表現には、自分の意思をことばの意味に符号化し、それらを文法に従って組み立て（統語）、音声系列に変換して、ことばとして話す。言語が未発達な初期には、単音や感情に伴う音声を発する。次に、意味のない音のつながりを発し（喃語：6か月頃）、他者の音声を模倣する（オウム返し）。その後に、意味のある語を発する（単語：1歳前半頃）。単語の数が増えるにつれ、単語に動作語を伴った発話が現れる（二語文：1歳後半頃）。性質語や関係語が理解できると、発話にもそれらが出現し（2歳頃）、三語文や四語文などの長い文章を話す（2歳頃以降）。

　言語表現（発話）に重要な脳部位は左大脳半球前頭葉の下部後方にあるブローカ野（発話中枢）である。二次運動野の一部であるブローカ野で発話がプログラムされ、一次運動野で発声に必要な口-舌部の運動が指令される。成人ではブローカ野の損傷で、ブローカ失語（運動失語）が出現する。主に発話が障害される。なめらかさがなく、ぎこちなく、たどたどしく話す。ためらい、停止、繰り返し（音や単語の反復）がある。話すことに強い努力感や苦労感を伴う（努力性発話）。話す量は少ない。一度に話せる長さが短い。重度では、全く話せない、または単音やいくつかの音節を発する。軽度では、単語や二語文程度で話す。文法的な誤り（失文法）も現れる。助詞や形容詞が脱落し、文法が単純になり、電報文の話し方（電文体発話）になる。

　発話の発達の遅れが重度では、有意味語の発話がなく、単音やいくつかの音を発する。軽度では、助詞や形容詞がなく、単語や二語文程度での単純な話し方になる。また、発話になめらかさがなく、たどたどしく話す。発する言語音（構音）も不明瞭になりやすい。自閉症スペクトラム障害では、助詞の使い間違い、主語と目的語の入れ違い、受動態と能動態の使い間違いなど、誤った文法での話し方がみられやすい。言語をうまく運用（談話）できない。話す能力自体はあっても、対人的なコミュニケーション場面でうまく使えない。相互の会話がなめらかにできない。話し方に"ことばのメロディ"がなく、単調に話す。成人でも右大脳半球損傷後に類似の状態が現れることがあり、アプロソディーと呼ばれる。発話の特徴を理解して、きちんと聞く態度を示す、言い直しを過剰に要求しすぎない、発話への意欲やコミュニケーション態度を損ねない配慮が基本になる。

## 9 空間認知

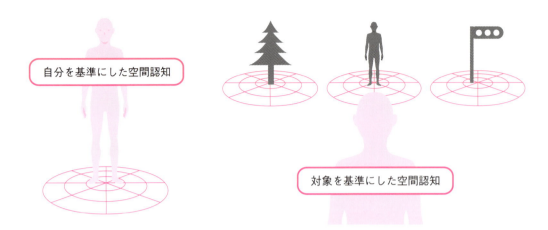

自分と外界の対象との間、また外界のある対象と別の対象との間には位置や距離の関係、つまり空間関係がある。空間認知は自分を基準にして自分と対象との位置や距離の空間認知、および外界にある対象を基準にして複数の対象間の位置や距離の空間認知とに大別できる。

自分を基準にした空間認知は発達が早い。乳幼児の空間認知は自分の身体に触れることから始まり、身近な対象をつかみ、そして遠方の対象に接近する順になる。一方、対象を基準にした空間認知は対象間の位置や距離関係から獲得される空間概念である。例えば、"真ん中"は外界のある対象と別の対象との間の距離的な中点の認知、また外界の対象からみた"右"や"左"の理解にはその対象に視点を移した位置関係の認知が必要になる。

空間認知には大脳半球の頭頂葉の頭頂連合野、特に右大脳半球の頭頂連合野が重要視されている。脳損傷後には空間認知が障害される場合がある。代表的な障害は半側空間無視である。右大脳半球損傷後には左半側空間無視、左大脳半球損傷後には右半側空間無視が現れる。左半側空間無視では、外界の左側空間にある対象に気づかず、応答や反応が乏しい。右半側空間無視では右側空間にある対象に気づかず、応答も乏しい。右大脳半球損傷後の左半側空間無視は症状が重度で、発現頻度も圧倒的に高い。左右両方の頭頂葉損傷では、バリント症候群が出現する。左半側空間無視と右半側空間無視が同時に起きた、いわば"両側空間無視"といえる状態を示す。バリント症候群は、外界の対象にすぐに視線を向けられず（精神性注視マヒ）、一度に1つの対象しか認知できず（視覚性注意障害または同時失認）、外界の対象を正確につかめない（視覚失調）という3つの症状からなる。空間認知の障害に関連して、本の文字や文章や行を読み飛ばす（空間性失読）、文字を整えて書けない（空間性失書）、形をうまく描けない（構成障害）、繰り上がりや繰り下がりの計算ができない（空間性失算）、道に迷う（地誌的見当識障害）などの症状も出現する。

空間認知に重要な頭頂連合野は一次野や二次野よりも成熟が遅い。発達障害では空間認知の発達が遅れ、それに伴って空間概念の獲得が遅れることがある。また空間認知の障害が原因で読字や書字や計算の習得が困難な場合もある。空間認知の問題の有無の確認、日常生活や学業の習得に与える影響への理解と対応が欠かせない。

# 10 失行

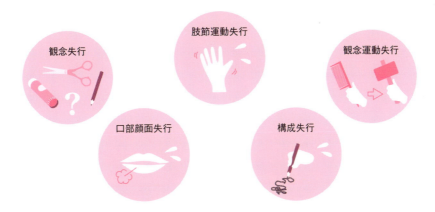

　脳損傷後に、感覚低下や運動マヒがないのに、動作がぎこちない、道具を使えない、複数の道具を使う順番を間違えるなどの状態を失行という。失行にはいくつかのタイプがある。

　肢節運動失行は動作が全般に拙劣で不器用になる。大脳の中心溝周辺領域の損傷後に、損傷された側の脳と反対側の上肢に現れる。

　観念運動失行は合図・象徴的な動作（例：別れの「バイ・バイ」）や道具使用の動作（例：クシやカナヅチを使う）がうまく実行できない。これらの動作が拙劣で不器用になる。また意図した動作が他の動作と入れ違って実行される錯行為が現れる（例：クシを使う動作を意図→カナヅチを使う動作を実行）。左半球の頭頂葉、特に下頭頂小葉を含む損傷で生じやすい。

　観念失行は合図・象徴的な動作や単一の道具使用の動作は実行できるのに、物品や道具を用いる一連の動作（複数の動作系列）あるいは複数の道具使用動作の実行が障害される。一連の動作を実行する際に、動作の実行順序が入れ違う、動作が繰り返される、省略されるなどして、全体の動作系列が正確に完了しない。左半球の後方領域特に頭頂葉の広範な損傷や、両側大脳半球の損傷によって現れる。

　口部顔面失行は顔面、口唇、頬、舌、咽頭、そして喉頭部の意図的な動作（例：舌打ちや息吹きなど）ができない。これらに運動マヒはない。左大脳半球の前方領域の病変（前頭弁蓋部、島前方部）で生じやすい。

　構成障害（構成失行）は「形作る」行為ができない。例えば、形を描けず、積木を作れない。主に左または右大脳半球の頭頂葉の損傷で現れるが、前頭葉の損傷によっても生じる。構成行為の障害には質的な違いが現れる。前頭葉損傷後は構成動作のプランニング面、右半球損傷後は空間認知など知覚・認知面、左半球損傷後は構成動作の実行順序など動作面の問題が構成行為に影響する。

　発達障害でも失行に類似した状態がみられる。動作の拙劣さや不器用さに起因して、単一の道具や複数の道具を使用する技能の習得が遅れる、また使い方が変則的になる（発達性協調運動障害）。口－顔面部の巧緻性の乏しさから発音が聞き取りづらい場合もある。また、構成行為の問題から、書字の際に文字の形が歪む、絵がうまく描けない。発音の矯正を強要しない、使いこなせない道具を無理に使用させない、口－顔面部や手指部の巧緻性を改善する楽しめる動作課題を適宜に課す、などの配慮が必要になる。

# 11 相貌失認

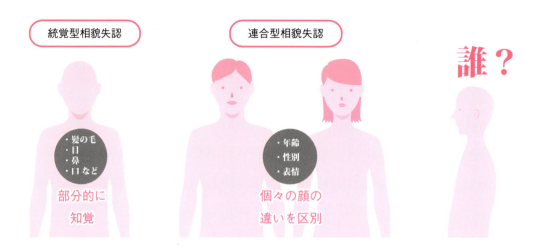

　脳損傷後には人の顔がわからなくなる場合がある。相貌失認と呼ばれる。相貌失認は見知ったはずの人の顔からその人を認知できない。自分の家族や友人の顔、また社会的に有名な人の顔が見ただけではわからない。しかし、その人の声を聞くと誰かわかる。その人のいつもの髪型やよく着ていた服をみれば、それらを手がかりに、その人が誰かわかる。顔以外の他の対象は認知できる。

　相貌失認は目や鼻や口など顔を構成する部分はわかる。それらの配置からパターン化され特徴づけられた「顔」だけに生じた視覚認知の障害である。相貌失認では、顔から性別や年齢を判断する、顔の表情から喜怒哀楽を判断する、また他の顔から特定の顔を区別する、などができる場合とできない場合とがある。

　相貌失認は2つのタイプに大別できる。統覚型相貌失認では、顔を顔として知覚できない。目や鼻や口などの顔の部分はわかるが、その顔が誰の顔かわからない。顔の部分を統合してパターンとして知覚できないために、顔の違いが区別できない。そのために性別や年齢や表情もわからない。一方、連合型相貌失認では、個々の顔の違いは区別でき、顔から性別や年齢や表情はある程度わかるが、その顔が誰かはわからない。視覚的に知覚した顔と既存の知識（記憶）とを関係づけられないために、誰の顔かを認知できない。相貌失認は右大脳半球の後頭葉内側面の損傷、または両側大脳半球の後頭葉内側面の損傷で生じやすい。

　相貌認知の発達が障害される発達性相貌認知障害（失認）がある。集団や社会生活では、その構成員の個人個人の区別が必須になる。個人の同定は主に顔による。さらに、対人関係には、顔の区別に加えて、他者の顔の表情から感情や考えを読み解く必要がある。これらの発達が遅れれば、対人関係の構築は難しい。自閉症スペクトラム障害は対人関係に特有の困難さを示すが、その原因の1つとして相貌認知の問題が指摘されている。自閉症スペクトラム障害の脳イメージングの研究から、顔や表情認知の処理に関連する後頭葉内側面と近接の側頭葉領域、および情動の処理に関連する扁桃体領域の活動低下が報告されている。これらの脳領域の神経成熟に遅れがあれば、他の発達障害でも相貌認知に問題をもつ可能性がある。顔や表情の認知障害の有無を確認するとともに、日常では声などの個人を判別しやすい手がかりを積極的に導入し活用する配慮が大切になる。

# 12 実行機能

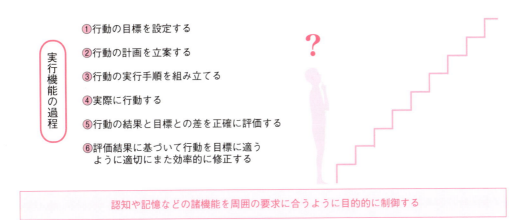

- 実行機能の過程
  - ①行動の目標を設定する
  - ②行動の計画を立案する
  - ③行動の実行手順を組み立てる
  - ④実際に行動する
  - ⑤行動の結果と目標との差を正確に評価する
  - ⑥評価結果に基づいて行動を目標に適うように適切にまた効率的に修正する

認知や記憶などの諸機能を周囲の要求に合うように目的的に制御する

　実行機能（遂行機能）とは、将来の目標のために行動（思考を含む）を制御する働きで、次の一連の過程からなる。①行動の目標を設定する、②行動の計画を立案する、③行動の実行手順を組み立てる、④実際に行動する、⑤行動の結果と目標との差を正確に評価する、⑥評価結果に基づいて行動を目標に適うように適切にまた効率的に修正する。実行機能の中核は、認知や記憶などの諸機能を周囲の要求に合うように目的的に制御する点にある。

　脳損傷後に実行機能が障害されると、これら一連の過程が困難になり、目標を設定できない、行動の計画を立てられない、行動の実行手順を組み立てられない、行動の結果を適切に評価できない、必要に応じて行動を修正・最適化できない。そのために、目標に合うように行動できない、計画的に行動できない、行動にまとまりがない、行動の段取りが悪い、行動の手際が悪い、先を見越して行動できない、行動に柔軟性がない、効率的に行動できない、行動の誤りを直せない、効率よく学習できない、課題解決の方略を組み立てられない。このような実行機能の障害は、習慣的な行動で済む日常場面よりも、新たな行動が求められる新しい状況や初めての課題に対して現れやすい。実行機能障害は前頭葉、特に前頭前野の背外側面の損傷で多いが、大脳皮質下の基底核の損傷などによって前頭前野背外側面と他の脳部位の神経連絡が断たれた場合にも出現する。

　前頭前野背外側面は神経成熟が最も遅い脳部位であり、実行機能の発達には時間がかかる。低年齢の子どもの行動は、将来の目標設定、計画性、見通し、誤りの修正などが乏しいが、実行機能が未熟なためである。一応の実行機能が発達するのは10歳から12歳頃であり、その後も成人まで発達し続けるとされる。神経成熟が遅い脳部位の機能ほど発達に受ける影響は大きく、発達障害では概して実行機能の発達は遅れやすい。特に知的障害、自閉症スペクトラム障害、そしてADHDがある場合、実行機能の未発達に伴って、行動が定型的で多様性が少ない、行動を切り替えられない、行動に一貫性を欠く、目先の行動が多い、後先を考えて行動しない、間違いを繰り返す、応用が利かない、行動が場に合わないなどの問題が現れやすい。行動の目標や手順を絵などで明示する、行動の順番を逐次に言語指示する、行動を実行に移す前に言語化するなど、行動をわかりやすく枠づける配慮が必要になる。

# 13 喚語障害

ほら、あの、、、
夏の花で、、、庭に
咲いている、、、うーんと、、、

脳損傷後の失語には、発話が非流暢なブローカ失語、言語理解が低下するウェルニッケ失語、復唱が苦手な伝導失語、発話や言語理解や復唱がすべて障害される全失語など、さまざまなタイプがある。各タイプの失語には特徴的な言語症状があるが、喚語障害（ことばを思い出せない）や呼称障害（ものの名前が言えない）は共通する。

喚語障害は自発的な会話やものの名前を呼称する際に観察される。言おうとするもの自体はわかるが、その名前がでない。名前が喉まで出かかっているのに言えない。このような状態は語健忘とも称される。喚語障害や呼称障害は日常生活での使用頻度の低いことば、また具体的な名詞よりも抽象的な名詞で強く出現する。

喚語障害や呼称障害は各タイプの失語に共通して観察されるが、それらが言語症状の中核になるのが健忘失語である。健忘失語は名前（名詞）を想起しづらいために、失名詞失語ともいう。発話や言語理解や復唱は良いが、喚語障害でことばを適切に想起できないために、コミュニケーション場面での会話に言いよどみ、言い間違い（錯語）、言い直し、発語の停止、そして迂回表現（特定のことばを想起できないとき、それに関連したことをあれこれ話す）がみられる。

健忘失語は左大脳半球の外側溝周辺にある言語中枢（ブローカ中枢とウェルニッケ中枢を含んだ脳領域）以外の損傷、特に頭頂葉下部（角回）または側頭葉下部の損傷で生じやすい。また、言語中枢の損傷によるさまざまなタイプの失語が回復して特徴的な言語症状が消失した後に、喚語障害だけが残って健忘失語に移行する場合もある。さらに、頭部外傷による脳全体への影響、アルツハイマー病による大脳皮質の萎縮、脳腫瘍による脳圧の亢進など、散在性の脳損傷でも喚語障害は生じる。したがって、健忘失語と脳損傷部位、または喚語障害と脳損傷部位とには強い局在性関係があるとはいえない。

成人の脳損傷後の喚語障害では、すでに獲得されたことばが適切に想起されない。一方、発達障害では、前述の喚語障害の状態だけでなく、ことばの獲得が遅いために語彙数が少ない。ものの名前が獲得されていなければ、当然喚語や呼称はできない。会話にも名詞の代わりに、指さしや限られた単純な指示語が頻発する。日常では、本人の喚語の試みを妨げない、喚語を急がせない、さまざまなものの名前を意識して細やかに声かけするなどの配慮が大切になる。

# 14 学習障害

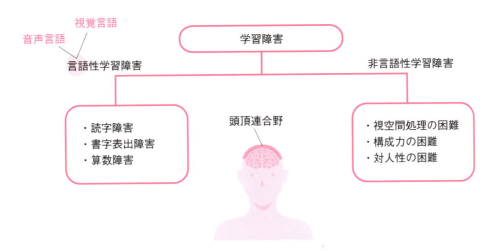

　学習障害では、実際の年齢や知能の水準に比べて、読字や書字や計算などの学業を学年相応に習得できない。学習障害は言語性と非言語性に分けられる。言語性学習障害には、読字の習得が遅れる読字障害、書字の習得が遅れる書字表出障害、計算の習得が遅れる算数障害がある。非言語性学習障害では、視空間処理、構成力、対人性などに困難さが現れる。一般的には、知能に遅れがないのに、読字や書字や計算の習得が遅れる言語性学習障害が問題にされやすい。なお、知能検査上は概して、言語性学習障害は言語性＜動作性、非言語性学習障害は言語性＞動作性の検査成績になる。

　聞きことばや話しことばは音声言語、文字や数字は視覚言語である。音声言語は人類に遺伝的に強くプログラムされている。一方、視覚言語である文字は人類が発明したものである。そのために、音声言語は"自動"的に習得されるが、視覚言語の文字の習得には"教育"が必要である。文字は練習しないと習得できない。また、文字は音声言語を基盤にして習得される。音声言語が遅れると読字や書字や計算の習得も遅れる。成人の失語でも、聞きことばや話しことばだけでなく、読字や書字や計算も障害される。

　成人の脳損傷後にも、文字を読めない失読、文字を書けない失書、そして計算をできない失算が出現する。これらの症状は主に左大脳半球の頭頂連合野の下部（下頭頂小葉、特に角回）の損傷による。角回は多様な情報が集まる場所で、読字では文字の「形」（視覚情報）と「音」（聴覚情報）は角回で統合される。読字や書字や計算には空間処理も関係する。右大脳半球の頭頂葉（頭頂連合野）が損傷されると、文字や数字の言語的な処理自体は問題ないが、それらが空間的に配列された文章や行や数式を読む、文字や文章や行をバランスよく配置して書く、繰り上がりや繰り下がりのある計算をする、などが困難になる。これらは空間性失読、空間性失書、空間性失算と呼ばれる。

　学習障害では、左大脳半球頭頂連合野による文字の言語的な処理、あるいは右大脳半球頭頂葉連合野による文字の空間的な処理の発達に主な弱みがあると考えられる。頭頂連合野は神経成熟が比較的遅い。そのために他の発達障害でも、読字や書字や計算の習得には概して時間がかかる。学業の習得を妨げている高次脳機能の状態を細かく確認して、弱みの機能を伸ばす働きかけやそれを補う仕方の工夫などの配慮が望まれる。

# 15 将来とイメージ力

　将来のイメージ形成は過去の記憶と現在の状況の理解とからなる。一般に、過去の記憶は以前に経験したことの"記録"や"保管"であるが、将来に関係する記憶に展望記憶がある。展望記憶とは、あらかじめ決めておいた行動を将来のある時点で実行することを覚えておく記憶である。例えば、事前に約束した日時に電話するなどがこれにあたる。予定の日時が近づいたときに、予定の内容をタイミングよく想起させる記憶である。展望記憶は将来の予定に関する記憶、または未来に関する記憶といわれている。展望記憶の障害は前頭葉の損傷後に現れやすい。薬を飲むことを定められた時間に思い出せない、出かけることを適切な日時に思い出せないなど、過去に決めた予定を必要な時に想起できない。

　将来のイメージには展望記憶だけでなく、実行機能も関連する。実行機能の中核は他の機能の制御にある。この制御という点では、実行機能と注意機能は類似しているが、時間軸に大きな違いがある。注意は現前（現在）の事柄を処理するために他の機能を制御する。一方、実行機能は過去を参照して未来に想定した目標のために現時点で他の機能を制御する。この制御の時間軸の違いから、坂爪ら（2001）は現在時制が中心の「注意制御」と過去から未来までの参照を含んだ現在時制での「実行制御」とを区別している。実際、実行機能障害では、現前の日常的な課題はうまく解決できても、より長期的（将来的）な目標を見越した活動が必要な社会・職業生活で最も顕著に障害が現れる。将来のイメージには言語も関連する。言語はコミュニケーションの道具だけでなく、時間や空間を越える"タイムマシン"でもある。過去や未来に、またあらゆる場所に、考えを自由に巡らせられるのは言語の力による。

　展望記憶、実行機能、そして言語（発話・統語）は前頭葉に関連が深い。発達障害では、前頭葉関連の機能発達は概して遅滞する。加えて、将来をイメージする上で必要な過去の記憶の蓄積も不十分になりがちである。それらのために、将来への明確なイメージ形成や将来を見据えた活動は制限される。約束を守れない、時間内に仕事を終えられない、後先を考えないで衝動的に行動する、場当たり的に行動するなど、先を予見して適切に行動できない。将来のイメージ力に関連するこれらの機能状態への理解と配慮、日常生活での経験の豊富化や多様化、そして知識の育みなどが大切になる。

## 第6部参考文献

1) 坂爪一幸（2006）高次脳機能障害について―若年から成人まで―　本田哲三・坂爪一幸・高橋玖美子編著：高次脳機能障害のリハビリテーション―社会復帰支援ケーススタディ―　真興交易（株）医書出版部，pp.13-40.
2) 坂爪一幸（2007）高次脳機能の障害心理学―神経心理学的症状とリハビリテーション・アプローチ―　学文社
3) 坂爪一幸編著（2008）特別支援教育に活かせるアセスメントとケーススタディ―発達神経心理学的な理解と対応：言語機能編―　学文社
4) 坂爪一幸（2011）特別支援教育に力を発揮する神経心理学入門　学研教育出版
5) 坂爪一幸（2012）特別支援教育における障害の究明とカリキュラム開発　安彦忠彦編著：子どもの発達と脳科学―カリキュラム開発のために―　勁草書房，pp.80-128.
6) 坂爪一幸（2014）Neurodevelopmental disorderと神経心理学的視点　日本発達障害連盟編：発達障害白書2015年版　明石書店，pp.24-27.
7) 坂爪一幸（2014）発達障害と神経心理学的診断　日本発達障害連盟編：発達障害白書2015年版　明石書店，pp.38-39.
8) 坂爪一幸（2014）神経心理学的評価法解釈　発達障害研究36(1)，pp.53-55.
9) 坂爪一幸・本田哲三（2000）小児の認知障害のリハビリテーション　小児科41(7)，pp.1305-1314.
10) 坂爪一幸・本田哲三・中島恵子・南雲祐美（2001）遂行機能障害の認知リハビリテーションからみた遂行，注意，および記憶の関係　認知リハビリテーション研究会編：認知リハビリテーション2001　新興医学出版社，pp.81-88.

# おわりに

☆**新しい時代が始まる予感**

　本人への合理的配慮、特にコミュニケーション支援を中心とした内容で本書をまとめました。あわせて、新しい見方である「神経発達症群」に深く関係する神経心理学について、坂爪先生に編集、執筆いただきました。

　合理的配慮のベースには、本人主体の考え方があります。日本の医療機関では20世紀の終わりころから、「患者観」が変化しました。医師などの指示命令を受ける存在から、自分自身で治療法などを選択することが求められるようになってきました。医療はサービスという考え方が主流となり、医療機関では「患者様」と呼ぶようにもなりました。これは医療ばかりでなく、教育や福祉の世界でも起こった、意識の大変革だと思います。

☆**障害観の移り変わり**

　今から40年ほど前、筆者が心理学を勉強していたころは、自閉症の子どもは「被験者」と呼ばれ、実験の対象と認識されていました。その時代、健常児との差異研究が多くなされました。

　1990年を前後して、成人の自閉症の人たちが自らの手記を発表しはじめました。それによって、感覚の違いなどがわかり、差異が確認されました。一方で、文章への共感も深く、差異よりも共通部分の多さに驚きました。

　1990年代半ばからは、「障害児（Disabled Child）」から「障害のある子ども（Child with disability）と呼ぶようになりました。些細な変化のようですが、障害に対する認識を根本から変える力がありました。

　WITH 表記により、障害は本人に属する特性の一つに過ぎないと理解されるようになってきました。WITH のあとには、たとえば、「ダンスの好きな」「料理が得意な」といった、その人なりの特性が示されます。それまでの「障害児」「障害者」という一括りの見方ではなくなったのです。見方の変化は、障害のある人たちの世界を広げ、ダンス、歌、絵画、書道などで活躍する人たちを輩出させています。

## ☆本人の障害への認識

　子ども時代から付き合いのある青年たちと話していて、障害を簡単には受け止められないことを知りました。考えてみれば、本人にすれば、がんばって学校に通い、なかには受験して希望の大学に入った人もいます。休まずに職場に通い、一生懸命働いている人もいます。そういう自分に、どうして障害があるというのかという悲しみは、あたりまえのことと思うようになりました。「障害」にはマイナスのイメージがあり、それを拒否したくなる気持ちは共感できます。

## ☆障害なのか特性なのか

　これまでの歴史的な変化をふまえながら、今後は障害というよりも特性と認識されていくことを期待しています。外国人とコミュニケーションを取る際には、何らかの配慮が必要なことが多いでしょう。それと同じに、特性への理解をベースにしたかかわりが実現できれば、障害を強く意識する必要が減るでしょう。

## ☆自分もコミュニケーション障害になる可能性

　人間の一生を考えてみると、一般的には生まれてから18〜22歳まで、経済的に依存して生きていきます。そのあとに社会に出て働きます。65歳まで働くとして、たったの40年余です。そのあと健康なのは10年ほどで、医療や介護が必要になります。言うまでもなく認知発症のリスクが増し、言語や認識などコミュニケーション障害が発生しはじめます。合理的配慮が常識となった世界は、私たちの将来にもつながっていることでしょう。

　この本は、かもがわ出版の吉田茂氏の企画力、発案、提案なしには完成しませんでした。著者を代表して、深く感謝するしだいです。

　2015年春の日に

編著者・湯汲　英史

## 編者紹介

■ **坂爪　一幸**（さかつめ　かずゆき）執筆分担：6章

早稲田大学教育・総合科学学術院教授、博士（医学）。早稲田大学大学院文学研究科心理学専攻博士後期課程単位取得、リハビリテーションセンター鹿教湯病院心理科主任、浜松市発達医療総合福祉センター療育科療育指導係長などを経て現職。臨床心理士、言語聴覚士、臨床発達心理士。
著書に「高次脳機能の障害心理学」「特別支援教育に活かせる発達障害のアセスメントとケーススタディ」「脳科学はどう教育に活かせるか」「衝動性と非行・犯罪を考える」「発達障害にどう取り組むか」（以上、学文社）、「高次脳機能障害のリハビリテーション」（真興交易医書出版部）など。

■ **湯汲　英史**（ゆくみ　えいし）執筆分担：1章、2章1、4、5、4章、5章応用編

公益社団法人発達協会常務理事、早稲田大学非常勤講師。「発達障害白書」編集委員長、日本発達障害学会理事。早稲田大学第一文学部心理学専攻卒。社会福祉士・精神保健福祉士・言語聴覚士。
著書に「なぜ伝わらないのか　どうしたら伝わるのか」（大揚社）、「発達障害のある子へのことば・コミュニケーション指導の実際」（診断と治療社）、「決定権を誤解する子・理由を言えない子」「発達障害のある子どもと話す27のポイント」「表現することは生きること」（以上、かもがわ出版）など。

## 執筆者紹介

■ **武藤　英夫**（むとう　ひでお）執筆分担：5章4

公益社団法人発達協会指導部部長。言語聴覚士、社会福祉士、精神保健福祉士、臨床心理士。

■ **倉持　親優**（くらもち　ちかのり）執筆分担：5章9

公益社団法人発達協会指導部部長（待遇）。言語聴覚士、社会福祉士、精神保健福祉士、健康運動指導士。

■ **一松麻実子**（ひとつまつ　まみこ）執筆分担：3章1、2、5章1、2、7

公益社団法人発達協会開発科主任・王子クリニック、上智大学・明治学院大学非常勤講師。言語聴覚士、社会福祉士、精神保健福祉士。

■ **小倉　尚子**（おぐら　なおこ）執筆分担：3章2、4章4、5章8、10

公益社団法人発達協会指導部部長補佐、早稲田大学非常勤講師。言語聴覚士、社会福祉士、精神保健福祉士。

■ **藤野　泰彦**（ふじの　やすひこ）執筆分担：2章2、3、5章3、5、6

公益社団法人発達協会開発科科長・指導部・王子クリニック。言語聴覚士。

本文イラスト：ホンマヨウヘイ
装丁：髙橋哲也（アルファ・デザイン）
組版：東原賢治（エス・エヌ・ピー）

---

知的障害・発達障害のある人への合理的配慮
――自立のためのコミュニケーション支援――

2015年3月1日　第1刷発行
2024年2月25日　第11刷発行

編著者　Ⓒ坂爪一幸・湯汲英史
発行者　竹村正治
発行所　株式会社　かもがわ出版
〒602-8119 京都市上京区堀川通出水西入
営業部　☎075-432-2868　FAX 075-432-2869
編集部　☎075-432-2934　FAX 075-417-2114
振替 01010-5-12436
http://www.kamogawa.co.jp

印　刷　シナノ書籍印刷株式会社

ISBN978-4-7803-0747-4　C0037